Mehr und mehr kennzeichnet radikale Kompromisslosigkeit unsere Diskurse in Politik und Gesellschaft. Doch selten gelingt es uns dabei, wirkliche Lösungen zu finden. Gefragt sind harte Linie und Ideale, die nicht verwässert werden dürfen. Yasmine M'Barek zeigt, dass wir uns dringend vergegenwärtigen müssen, warum wir verlernt haben, miteinander zu sprechen, und wo die Fehler in der Kommunikation liegen, die in der Konsequenz Kompromisse verhindern, die uns als Gesellschaft weiterbringen würden. *Radikale Kompromisse* ist ein hellsichtiges Plädoyer dafür, zu echter Realpolitik zurückzukehren und mit ihrer Hilfe Wege zu finden, die Mitte der Gesellschaft für die weitreichenden Veränderungen zu gewinnen, vor denen wir stehen. Demokratie bedeutet in erster Linie, miteinander zu sprechen, für Ideen zu werben und Kompromisse zu schließen, statt die eigene Ansicht gegen den Widerstand der anderen durchzudrücken. Andernfalls verlieren wir alle – trotz der vielen guten Ideen, die derzeit kursieren.

Yasmine M'Barek, geboren 1999, arbeitet im Ressort X von *Zeit Online* mit dem Schwerpunkt deutsche Innenpolitik und Union. Daneben besucht sie die Kölner Journalistenschule für Politik und Wirtschaft. Das *Medium Magazin* wählte sie 2020 unter die »Top 30 bis 30«. M'Barek lebt in Berlin und arbeitet im ganzen Land.

YASMINE M'BAREK

RADIKALE KOMPROMISSE

Warum wir uns für eine
bessere Politik in der Mitte
treffen müssen

HOFFMANN UND CAMPE

1. Auflage 2023
Taschenbuchausgabe
Copyright © 2022 Hoffmann und Campe Verlag, Hamburg
www.hoffmann-und-campe.de
Umschlaggestaltung: © finken & bumiller
Umschlagabbildung: © Pixxsa / Shutterstock
Satz: Pinkuin Satz und Datentechnik, Berlin
Gesetzt aus der Minion
Druck und Bindung: GGP Media GmbH, Pößneck
Printed in Germany
ISBN 978-3-455-01540-9

HOFFMANN
UND CAMPE

Ein Unternehmen der
GANSKE VERLAGSGRUPPE

INHALT

Für Noah, Angela, Samir und Léon

»Im Grunde bin ich der Meinung,
dass ein Schriftsteller seiner inneren Wachstumskurve
folgen und auf das Beste hoffen sollte.«

DORIS LESSING

DAS ERSTE KAPITEL

VON EINER BAHNFAHRT, DEM GENDERN UND SPRACHVERBOTEN

»Die Vorstellung einer heiligen, okkulten Wahrheit, zu der nur eine Initiation den Zugang eröffnet, verstellt den Blick auf die Dimension ihrer Entstehung und ihres Werdens. Was verschleiert ist, wird in einer starren Unzeitlichkeit begriffen. Es ist für alle Ewigkeit verborgen. Nun gibt es aber auch im Geheimen ein Werden.«   *Anne Dufourmantelle*[1]

Liebe Leser,

wie verändert sich eine Gesellschaft? Wie schaffen wir es, uns tiefgreifend neu zu formieren, ohne dass wir als Gemeinschaft auseinanderbrechen und alles im Chaos endet? Das sind die drängenden Frage unserer Zeit. Genau weiß das wahrscheinlich niemand. Ich glaube, es hilft bereits, zu erkennen, was dabei kontraproduktiv ist. Dann ist man bereits einige Schritte weiter. Und dazu kann ich Ihnen einiges sagen. Lassen Sie uns also damit anfangen, zu überlegen, was eine Gesellschaft hindert, sich zu verändern.

***

Hat meine Anrede Sie bereits stutzig gemacht? Richtig gelesen, ich favorisiere das generische Maskulinum. Das heißt, ich benutze generell die männliche Form, wenn ich spreche und schreibe, eine generelle Anrede, die alle Menschen mit einschließt. Zum Beispiel würde ich auch sagen: »Liebe Zuschauer …« Eigentlich ist dies die üblichste Form aller Ansprachen, mit der die meisten von uns – ob die sogenannte Generation Z (also die ab 1996 geborenen) oder die Boomer – sozialisiert wurden. In der Schule, beim Kinderarzt, beim Beantragen eines Reisepasses oder im Radio – immer galt die männliche Pluralform als allumfassend.

Sprache ist stetig im Wandel. Begrifflichkeiten werden überprüft und gegebenenfalls geändert. Auch Anreden und ihre Wirkung – also wen man ansprechen möchte und wie die Ansprache verstanden wird – werden hinterfragt. So auch beim sogenannten Gendern. Jetzt stellt sich die spannende Frage, weshalb ich diesen Einstieg gewählt habe. An der Frage des Genderns zeigt sich ziemlich exemplarisch, wie wir gesellschaftliche Debatten führen: nämlich ohne dass wir einen Konsens anpeilen, obwohl es alle betrifft. Ein gutes Beispiel dafür also, wie Debatten nicht funktionieren. Meine Präferenz, mit dem generischen Maskulinum zu gendern, ist weder gut noch schlecht. Es ist schlicht eine Option. Zusätzlich momentan aber auch ein durchaus politischer Standpunkt: weil ich so schreibe und spreche, obwohl ich mit der akademischen Tiefe der Genderdebatte vertraut bin. Dabei meine ich, wie bereits erwähnt, damit alle Menschen. Das mag das generische Maskulinum nicht sofort suggerieren, aber allein, dass wir darüber nachdenken, dass das generische Maskulinum nicht alle miteinschließen könnte, ist ja schon eine Folge der Debatte und somit politisch.

Die Debatte darum, ob und wie man gendert, hat groteske Ausmaße angenommen und dazu geführt, dass sich wildfremde Menschen auf der Straße anpöbeln oder Bücher nicht mehr gekauft werden, wenn darin nicht gegendert wird oder vielleicht noch eher gerade, wenn darin gegendert wird.

Wenn Journalisten gendern, dann bekommen sie Nachrichten, in denen ihnen vorgeworfen wird, dass der Journalismus ja gar nicht mehr neutral sei. Linksgrün sei nun überpräsent, einen Text mit Gendergaga könne man ja gar nicht mehr lesen. Wenn ich nicht gendere, fragen mich Menschen, weshalb ich das mache, ob ich bewusst diskriminiere oder es nur vergessen hätte. Falls ersteres der Fall sei, dann seien sie von mir enttäuscht.

Ich nehme das keineswegs persönlich, denn es ist eine durchaus berechtigte Frage, ob man diskriminiert oder nicht. Viel interessanter daran ist, dass deutlich wird, vor welchen Problemen der Journalismus steht. Intern beschäftigt die Debatte, ob man nun gendern soll oder nicht, ganze Redaktionskonferenzen. Journalisten fragen sich, welche pädagogische Aufgabe sie gegenüber den Lesern haben. Oder haben sie überhaupt keine? Eine Kettenreaktion.

Dabei interessiert das Gendern, das scheinbar unseren Bekanntenkreis in Gut und Böse teilt, den kleinen Mann – hier wortwörtlich – gar nicht sonderlich. »Ich hab doch nichts dagegen, mein Gott, wieso ist immer alles gleich so fürchterlich« – so begann eine Konversation im Zug (natürlich im ICE, denn alle zu Selbstüberschätzung neigenden Journalisten reichern ihre Thesen mit Anekdoten aus dem echten Leben an, das sich nun mal zu einem großen Teil in Zoom-Calls, Taxen und Zügen abspielt). Ich entschuldige mich bereits jetzt für die Unannehmlichkeiten, denn dies wird nicht die letzte Anekdote auf Reisen gewesen sein, die Sie in diesem Buch von mir hören werden.

Der Mann im Zug war mittelalt, seine Kleidung hatte einen großen Wollanteil, und seine Ledertasche war sicherlich ein Weihnachtsgeschenk. Er las die *Frankfurter Allgemeine Zeitung* (die auch für ihre interne Diskussion rund ums Gendern bekannt ist – man möchte ja keine Leser umerziehen oder sich der linksgrünen Trendwende anbiedern). Ihm gegenüber saß ich, die erkennbar migrantische Person, zusammen brausten wir in der 1. Klasse eines Intercity-Express in Richtung Köln – die Aggressionen der Zugteilung in Hamm hatten wir bereits hinter uns. Unser Gespräch startete, weil der Mann mich ganz direkt fragte, was denn ich von diesem Gendern halten würde. So narzisstisch, wie man als Schreiber nun oft ist, dachte ich sofort kurz darüber nach, was in Gottes Namen mich in seinen Augen für diese Ansprache qualifizierte. Werde ich hier marginalisiert, brauchte er die Bestätigung einer jungen Frau, dass seine Welt-anschauung doch nicht menschenfeindlich sei, oder war er ein-fach dringend auf der Suche nach jemandem zum Reden?

»Um ehrlich zu sein, ich gendere persönlich nicht, falls Sie das wissen wollen.«
»Da scheinen Sie ja zu den vernünftigen Personen Ihrer Generation zu gehören.«
»Nein, das denke ich nicht.«
»Na gut, dann nicht.«

Stille. Wo kommt nur dieser Drang her, Menschen anhand ihrer Sprache in Vernunft und Unvernunft einzuteilen? Wir waren uns im Grunde einig, trotzdem war ich auf Hundertachtzig. Wieso zur Hölle generalisierte dieser Herr eine ganze Genera-tion?

»Würde es Sie denn stören«, fragte ich, »wenn ich gendern würde? Was hätten Sie gesagt, wenn ich so geantwortet hätte?«
»Nun ja, dass Sie Leute umerziehen wollen, die damit nie ein Problem hatten. Ich meine, haben wir keine anderen Proble-me?«

Er schaut mich verblüfft an.

»Sie anscheinend nicht.«
»Bitte?«
»Da Sie sich ja so sehr am Gendern des Gegenübers zu stören scheinen, haben Sie das Problem.«
»Aber ich habe mit dieser Diskussion doch nicht angefangen! Haben die Leute wirklich nichts anderes zu tun? Ich war auch schon auf Demos.«

Himmel!

»Befreien Demobesuche jetzt von der Teilnahme an gesellschaftlichen Diskussionen?«
»Ich meine ja nur, es gibt doch anständige Dinge, für die man
sich einsetzen kann.«
»Sie werten jetzt eine politische Debatte ab, die Ihnen von
niemandem aufgezwungen worden ist?«
»Oh doch, die FAZ gendert zumindest nicht, aber die Öffentlichen machen das ja mittlerweile, man kann dem ja nicht
entfliehen.«
»Gott segne das reiche Angebot der Medien.«

Er schnaufte.

»Sie sind arrogant.«
»Und Sie verrennen sich.«

Bis Köln gab es dann nur noch ein paar abgeneigte Blicke, Ir-
ritierung und Genervtheit über 37 Minuten Verspätung. Quint-
essenz: Der Diskurs fällt doch oft genau darauf zurück – auf die
Ergötzung des Individuums, die Verabsolutierung der eigenen
Meinung. Sowohl von meiner als auch seiner Seite in diesem
Fall, so ehrlich muss man sein.

Woher kommt diese Kompromisslosigkeit? Sie zieht sich
neuerdings durch alle Debatten in Deutschland wie eine rote
Schnur. »Jeder nach seiner Façon?« Längst nicht mehr. Die eigene Meinung konstituiert die Welt, wie sie zu sein hat.

Wenn es nach den Zahlen geht, ist die Sache klar: Rund
65 Prozent der Deutschen wollen nicht gendern. Bei den An-
hängern der Grünen sind es knapp 50 Prozent. Innerhalb der
SPD sind 57 Prozent dagegen, in der Union gar 68 Prozent. Viel

größer wird die Ablehnung bei den Linken mit 72 Prozent, darauf folgen die FDP mit 77 und die AfD mit 83 Prozent. Und besonders spannend: Die Zahlen sind seit der letzten Erhebung vor einem Jahr, nach all den Debatten und Forderungen, nicht etwa gesunken, sondern gestiegen.[2] Wieso ist das Gendern dann überhaupt so ein großes Thema, wo es doch offensichtlich keinen Konsens gibt? Die Diskussion ist längst über die sachliche Analyse hinweg – ob man selbst gendert oder nicht, ist ein Politikum, eine Einstellung, die keineswegs leicht zu entfärben ist.

Man kann auf verschiedene Arten Gendern. Man kann zum Beispiel auch das generische Femininum verwenden. Dann würde es »Liebe Leserinnen« heißen, womit alle Geschlechter angesprochen sein sollen, genau wie bei »Liebe Leser«. Man kann auch ganz explizit Männer und Frauen benennen: »Liebe Leser und liebe Leserinnen«. Aber wie gesagt, das sind dann ganz konkret zwei Geschlechter, was jene Menschen ausschließen würde, die sich keinem der binären Geschlechter zuordnen. Binär sind Mann und Frau. Um auch nichtbinären Menschen gerecht zu werden, könnte man jetzt mit einem Sternchen oder Binnen-I gendern. Außerdem gibt es noch den Doppelpunkt und den Unterstrich, also zum Beispiel so: »Liebe Leser_innen« oder »Liebe Leser:innen« – meistens verbunden mit einer hörbaren Sprechpause. Das soll dann alle existierenden Geschlechter explizit mitmeinen.

Übrigens, und das wird später auch noch mal wichtig: Das Wissen darüber zu haben, was genau was bedeutet und meint und wie diese Begrifflichkeiten korrekt verwendet werden, ist ein höchst akademisches Privileg und zugleich das größte Laster dieser Debatte. Um so inklusiv sprechen und den Gedankengang dahinter nachvollziehen zu können, bedarf es einer hohen Schuldbildung, verbunden mit der Möglichkeit, an der Debatte auch auf sprachlicher Ebene teilnehmen zu können.

Mit welchen Begriffen wir von etwas sprechen, ist politisiert. Aus emanzipatorischer und intersektionaler Sicht ist das einzige Gendern, das nicht diskriminiert, das mit Sternchen. Intersektional ist ein Sammelbegriff, der Überschneidungen oder Gleichzeitigkeiten von Diskriminierungen bezeichnet. Mit einer abgewandelten Sprache möchte man darauf aufmerksam machen – uns intersektionaler denken lassen. Daran ist sicher nichts verkehrt, sollte man doch eigentlich davon ausgehen können, dass Menschen zumeist keine Intention verfolgen, sich gegenseitig zu disrespektieren.

Das klingt für viele vermutlich einleuchtend, manche würden gar sagen: Wer könnte jetzt nicht mehr vom Gendern überzeugt sein?

Der *Spiegel* schrieb in einer viel diskutierten Titelgeschichte über das Gendern: »Mit gewachsenem Selbstbewusstsein beanspruchen (marginalisierte) Gruppen das Recht, sich über den Sprachgebrauch sichtbar zu machen und ihren Platz in der Gesellschaft zu definieren. […] Das Ziel ist in allen Varianten vermutlich das gleiche: Wo bisher Diskriminierung war oder gewesen sein könnte, sollen jetzt Identität und Anerkennung wachsen.«[3]

Ich mag nun die steile These aufstellen, dass zur Zeit das Gegenteil der Fall ist. Der Diskurs ist mittlerweile polemisiert und undurchsichtig. Das Einzige, was bis jetzt klar ist: Es gibt nur für und wider. Bestimmt wird das durch die beiden an der Debatte beteiligten »Lager«. Man ist entweder ein linksgrüner Moralist, oder jemand, der den privilegierten Sprachfetischismus der liberal-konservativen Bubble auslebt. Damit ist letztlich gemeint, dass es nur ein richtiges oder falsches Benutzen von Gender gibt, und die Wahl, die man selbst trifft, einen automatisch einer politischen Kategorie zuteilt. Subjektive Perspektiven spielen schon längst keine Rolle mehr.

Mittlerweile ist das längst keine Nischendiskussion mehr, die Frage nach Inklusion durch Sprache ist überall angekommen. An Universitäten soll gegendert werden. Konservative befürchten, ihre Bachelorarbeit werde schlechter bewertet, wenn sie das generische Maskulinum verwenden. Apple wird gendern. Der Staat solle das Gendern gesetzlich verbieten.

Schaut man sich zum Beispiel auf sozialen Medien wie Twitter oder Facebook um, dann echauffieren sich die Konservativen allerorten über das »Gendergaga« (wobei die Nutzung dieses Ausdrucks eine gewisse Ironie birgt, regen sich Konservative doch gerne über die Verrohung der deutschen Sprache – etwa durch das Gendern – auf, schöpfen und reproduzieren aber selbst ein so grässliches Wort) – Friedrich Merz landet damit mal schnell in den Tagesnachrichten,[4] oder Journalisten stellen belustigt fest, dass in der Wahlarena ja niemand nach dem Gendern fragt,[5] es im Prinzip also das Volk gar nicht zu interessieren scheine.

Christoph Ploß wurde mit seiner Forderung, dem Staat das Gendern zu untersagen[6] über Nacht zum Youngstar der CDU: »Endlich einer, der sich mal traut, etwas zu sagen« so die Antworten, oder: »Ja, die Gendergagalobby sollte mal mit der Wirklichkeit konfrontiert werden, den kleinen Mann interessiert es nicht«. Daraufhin gab es wiederum von der anderen Seite hämische Kommentare: Wieso, fragte man, fordern Konservative, eine Formulierung zu verbieten, mit der Begründung, dass niemand einem anderen vorschreiben könne, wie richtig gesprochen werde? Man fordert Verbote, um Verbote zu verhindern? Paradox.

»Es ist ein Unterschied«, bemerkte dazu Anna Schneider von der *Welt*, »ob man gendern generell verbieten will (fände ich falsch, ist jedermanns eigene Entscheidung) oder ob man an den Staat und seine Institutionen den Anspruch stellt, ideologiefrei zu bleiben.«[7]

Ja, das Gendern hat sich zu einer identitätspolitischen Schein-debatte entwickelt. Daran sind sowohl Gegner als auch Befür-worter Schuld. Auch, wenn ich kein Freund des Schuldbegriffs bin.

Nun ist der Versuch einer gesellschaftlichen Veränderung im Sinne der Gemeinschaft eine selbstlose Intention. Etwas zu tun, das für alle gut sein soll, kann man zunächst einfach mal menschlich nennen – wie zum Beispiel die solidarische Auf-nahme aller Geflüchteten. Denn per se – da könnten wir uns außerhalb rechtsradikaler, antidemokratischer Räume einig sein – ist es doch ein völlig logischer Gedanke, jenen zu helfen, die in Gefahr sind. Doch die Ausführung solcher menschlichen Vorhaben wird immer auch ein Minus mit sich bringen. Auf der eigenen oder anderen Seite. Um auf unser geliebtes Gendern zurückzukommen: Wenn ich mich dafür entscheide, mich im öffentlichen Raum fürs Gendern einzusetzen, wähle ich aus, wie ich das tue. Kompromissbereit, absolut, plakativ, dosiert. Alle Wege haben ihre Daseinsberechtigung.

Wenn man nun ein Befürworter des Genderns ist, ist man leider auch verantwortlich für die Durchsetzung bzw. für den Umgang mit den Problemen, die die eigene Forderung mit sich bringt. Die Vermittlung und Etablierung eines neuen Ansatzes in der ganzen Gesellschaft ist eine große Aufgabe – die an ihren Vertretern hängt, ganz sachlich gesagt. Alle Positionen haben sich mit ihren Konsequenzen zu beschäftigen. Sollte man ein Vorhaben verfolgen, das trotz eines allgemeinen Anspruchs und der Intention, für alle gut zu sein, von der Mehrheit nicht so aufgefasst wird, sollte es Gegner haben, wird der Einsatz dafür etwas kosten. Dann muss man sich reinhängen und überzeu-gen. Die Journalistin Teresa Bücker jedoch schrieb letztes Jahr auf Twitter: »Wenn man auf gendergerechte Sprache kontert ›Haben wir nichts Wichtigeres zu tun?‹, dann könnte man auch sagen: Dann brauchen wir uns auch nicht aufregen und können uns schnell an diese kleine Änderung gewöhnen.«[8]

So macht man es sich schlicht zu einfach. Dies würde nun mal einen generellen Konsens voraussetzen, der augenscheinlich nicht vorliegt. Kurz gesagt: Da diejenigen, die das Gendern mit Sternchen etablieren wollen, momentan in der Unterzahl sind, müssen sie Überzeugungsarbeit leisten. Ganz nach Marx, der davon überzeugt war, dass eine Idee zur materiellen Gewalt werden kann, sobald sie von der Masse ergriffen wird. Was beim Gendern augenscheinlich nicht der Fall ist. Doch statt zu überzeugen, wird häufig nur auf die anderen geschimpft.

Schnell oder einfach ist hier übrigens gar nichts. Diese Begriffe sollten wir uns mit Blick auf große gesellschaftliche Veränderungen bereits jetzt aus dem Kopf streichen. Denn unsere Debatten laufen nicht rein demokratisch, sachlich oder gar logisch ab. Meistens kommt es im Laufe des Diskurses zu Nebenwirkungen. Beim Gendern ist das ganz auffällig: Das Sternchen manifestiert jetzt die politische Gesinnung. Natürlich ist das völliger Quatsch, gendern doch mitunter etwa auch Liberale oder Konservative. Vielleicht gendern auch einige inzwischen nicht mehr, weil es bereits so politisiert ist. Wie wahnsinnig diese ganze Debatte ist, zeigte vor allem der konservative Wahlkampf 2021. Söder twitterte zwei Tage vor der Wahl: »Dem Umerziehungsgeist, den die linken Parteien beim Gendern zeigen, dürfen wir nicht nachgeben. Wir stellen uns gegen solche Absurditäten. Wir lassen uns nicht vorschreiben, wie wir zu schreiben und zu denken haben!«[9] Außerdem warnte er die bayerischen Universitäten Mitte September, dass er »kein Gender-Gesetz und keine Gender-Strafzettel«[10] akzeptieren werde (an einigen Universitäten waren Punktabzüge bekannt geworden, wenn auf das Gendern verzichtet wurde).

Sehr viele Menschen in Deutschland sehen im Gendern

vielleicht keine so große Gefahr. Der politisierte Twitter-Wähler aber schon. Söder wurde gefeiert, User auf TikTok kommentieren Dinge wie »Gott sei dank gibt es noch normale Menschen und Probleme«. Der Ursprungsgedanke der Linken, der der Ausgangspunkt der Debatte gewesen war, endet somit im populistischen Loch. Dabei, wie gesagt, ist der Ansatz ja ein durchaus berechtigter. Die drastische Konsequenz der Forderung lautet nur leider: Freiheit wird zu Unfreiheit der Masse.

Die Härte, mit der solche Veränderungen eingefordert werden, haben einen großen Nachteil: Die Angegriffenen, die im System die Deutungshoheit innehaben, leiden kaum unter den Attacken, auch nicht zwingend jene, die Veränderung fordern. In erster Linie trifft es die, deren Situation eigentlich verbessert werden soll. Dann scheint die Argumentation, wie sie zum Beispiel von der *taz*-Journalistin Carolina Schwarz formuliert wird, zwar verständlich, brettert aber auf polarisiertes Unverständnis: »Gerade Journalist:innen tragen Verantwortung dafür, alle Menschen – auch sprachlich – abzubilden. Zudem dient Sprache nicht nur der Abbildung, sondern formt auch unsere Wirklichkeit, weswegen es wichtig ist, nicht einen Großteil der Gesellschaft zu exkludieren.«[11]

Zu oft bewegen sich die Idealisten ausschließlich in ihrer eigenen akademischen Bubble. Und die Gegner nähren sich aus solchen Debatten. Alles, was aus diesen aggressiven Diskussionen resultiert, ist dann Resistenz oder Resilienz – also eine Ablehnung oder Ignoranz des kompletten Diskurses. Und die Stärkung der eigenen Front.

Am Ende ist das, worüber diskutiert wird, immer nur das Framing. Das wiederum erzeugt Wut bei den Linken. Natürlich werden die Befürworter, berechtigterweise, auch Teil der polarisierten Debatten. Die Intention, etwas Gutes für alle bewirken zu wollen, verlieren viele überzeugte Idealisten auch während des Kampfes, wenn es an die eigene Existenz geht, und der unsachliche Diskurs zwischen politischen Strömungen das eigentliche Thema dominiert. Das Private wird politisch, oder anders gesagt: In der Politik interessiert Privates schlicht nicht.

***

Am Ende stellt das Gendern wirklich nur ein kleines Problem dar. Denn eins kann ich Ihnen bereits jetzt sagen: Auf solche Fragen wird es nie die eine Antwort geben, und je eher man sich dessen bewusst ist, desto besser ist man vorbereitet auf den manchmal recht fragwürdigen Endbahnhof des Kollektiven. Lassen Sie mich zu dem kommen, wofür dieses Buch plädiert: Kompromisse.

Damit meine ich nicht das verhätschelte Aufgeben der Demokratie, also das stumpfe Akzeptieren eines »Mehr ist nicht zu holen«, sondern den naiven Kern unserer Politik: Das höchste Gut der Demokratie ist der Kompromiss, aus ihm speist sich all das, was unser System eigentlich so stark macht.

Wahrscheinlich kannten Sie diese Debatte bereits. Wahrscheinlich auch dieses lästige Gefühl, das sich breitmacht, wenn man merkt, dass eine Diskussion selbstgefällig wird. Zu einer reinen Wiederholung des allerseits bereits Gesagten wird. Sie haben mit Sicherheit Ihre eigene Meinung zum Thema Gendern. Spoiler: Selbst wenn Sie denken, Sie hätten keine, sind Sie für jene im Diskurs entweder ignorant oder stumpf. Abseits der Twitter-Blase gilt aber auch: Wir sind in Deutschland Teil der Demokratie. Eine parlamentarische. Politik setzt sich aus Impulsen zusammen, die aus allen politischen Strömungen fließen.

Was bedeutet das für die wichtigen Debatten unserer Gesellschaft? Ich denke, sie brauchen dringend eine Diskussions- und Analyseebene, die ebenjene Stagnation verhindert. Christian

Lindner würde an dieser Stelle den Meinungspluralismus als höchstes Gut der Demokratie deklarieren. Ganz so schmalzig vermag ich's nicht zu formulieren, aber: Die Demokratie zeichnet sich durch die Fusion verschiedenster Theorien und politischer Profile aus. Das mündet in meist guten Kompromissen und Möglichkeiten für alle, einen Raum zu finden.

Ich vertrete keine Hufeisentheorie – Linke sind demokratisch, Rechte Nazis, das ist klar –, es geht vielmehr darum, dass es mich geradezu wurmt, dass die Linke ihr Potenzial für die langfristige Beeinflussung der Politik verkennt. Immer wieder. So gab auch eine Politikerin der Linken in einem Gespräch mir gegenüber ehrlich zu: Das meiste, was heute politisch umgesetzt werde, seien linke Ideen, die noch vor zwanzig Jahren als radikaler Mist abgestempelt wurden. Es ist interessant, sich zu vergegenwärtigen, wer die Sozialpolitik von Kanzlerin Merkel in dieser Form bereits in den neunziger Jahren forderte. Sie werden überrascht sein, wie viele Punkte der von den Sozialdemokraten und Christdemokraten aufgesetzten Koalitionsverträge Ursprungsideen der Linken in sich tragen. (Womit ich nicht per se die Partei meine, sondern die politische Richtung als solche.) Natürlich ist es für die Linken jetzt zu spät, das noch für das eigene Image nutzbar zu machen, aber andererseits scheint die Verunglimpfung aller anderen politischen Parteien auch keine gute Grundlage dafür zu sein, Veränderungen schneller voranzutreiben, wenn man auf die letzten zwei Jahrzehnte schaut.

Unsere Debattenkultur führt uns geradewegs ins Nirwana: Ist es nicht absurd, dass Margarete Stokowski mal eine Lesung abgesagt hat, weil der Laden auch Bücher von Sarrazin im Regal hatte? Wem hat das genutzt? Sarrazin, den Rechten, oder den Antifaschisten, den Migranten?

Wie soll man also weiterkommen, all diese Sackgassen verhindern? Achtung: Folgende Erläuterung werden Sie fortlaufend in diesem Buch wiederfinden. Es ist die sogenannte These dessen, was in diesem Buch zum Ausdruck kommen soll, und was ich gerne tapezieren möchte in jedem Diskussionsraum dieses Landes: Wann haben wir aufgehört zu verstehen, wie gesellschaftliche Veränderungen so stattfinden, dass sie auch dort ankommen, wo sie ankommen sollen?

Radikale Kompromisse braucht das Land! Demokratische Progressivität hat sich stets wie folgt bewiesen: Idealisten zeigen die Grundprobleme des Systems auf, Realisten suchen Lösungsansätze, die Stagnierenden werden überzeugt. Was heißt das für unsere Debatten heute?

Das Beispiel linke Sozialpolitik wurde bereits genannt. Veränderungen kommen, wenn man es schafft, die Mitte der Gesellschaft für sie zu begeistern. Vielleicht werden wir in vierzig Jahren wirklich gendern, weil die Grundidee, alle miteinzubeziehen, sich von der Aggressivität, diese unbedingt sofort durchsetzen zu müssen, gelöst hat. Vielleicht ist sie dann so oft durchgekaut, dass irgendwann alle sich in Ruhe eine Meinung bilden können und zu dem Entschluss kommen, dass es besser so wäre. Vielleicht wollen dann achtzig Prozent der deutschen Bürger gendern, inklusive mir. Dann ist es eine mehrheitsfähige, demokratische Sache.

Aus Idealisten, Realisten und Stagnierenden ergibt sich eine wichtige Kette. Diese Kette hat in Deutschland eine lange Tradition. Aber einige Faktoren wie dieses Internet und die Symbiose der etablierten Parteien der Mitte haben uns vergessen lassen, wie gut diese Kette eigentlich ist und wie sie funktioniert. Dabei ist sie der einzige Weg, alle Beteiligten so gut wie möglich in Veränderungsprozesse einzubinden. Wir müssen wieder zu akzeptieren lernen, dass es keinen Nenner der Selbstverständlichkeiten gibt. Wir müssen wiederentdecken, dass wir mit nichts effektiver sind als mit radikalen Kompromissen.

Dieses Buch ist kein Manifest für einen starken Liberalismus. Aber durchaus getragen von der festen Überzeugung, dass sich genau über ihn eigentlich alles abspielt, was in einer Demokratie geschafft wird, was oft gerne »progressiv« genannt wird. Unser grundlegendes Verständnis der Demokratie leitet sich davon ab – und stellt uns das Mittel der radikalen Kompromisse zur Verfügung. Daraus ergibt sich eine wichtige Erkenntnis, die wir nicht vergessen dürfen, um welche Themen es auch geht: Wer fordert, hat nicht automatisch recht oder das Hoheitsrecht in der Debatte. Auch eine augenscheinlich faire Forderung bedeutet nicht direkt, dass sie sofort passieren muss und immer richtig ist.

↓

ALS FRIEDRICH MERZ UND ICH UNS EINMAL EINIG WAREN. UND WAS HERR STÖCKL VON DER AEG MIT DER SCHWARZEN NULL ZU TUN HAT

»Das Wesen der Demokratie ist der Kompromiss.«
Willy Brandt

Jetzt fragen Sie sich vielleicht, wann denn je gute Intentionen und Idealismus die Politik behindert hätten. An verschenkten Optionen sind ja wenn überhaupt die Politiker schuld und nicht die Bürger, die nur ihre politischen Wünsche kundtun. Idealistische Ideen können doch unmöglich »schuld« sein an verfehlter Politik oder Konsequenzen, die so nicht intendiert waren. Das ist ja wohl der falsche Begriff, wenn Einzelne etwas Gutes für die Allgemeinheit fordern, oder so ähnlich. Ich habe tatsächlich schon öfter über diese Frage diskutiert.

Prinzipiell muss man hier anmerken, dass die Frage nach der »Schuld« ein Lieblingsthema der Deutschen ist. Über den Schuldbegriff im deutschen Kontext lässt sich trefflich streiten. Man muss natürlich unterscheiden: Historische Schuld ist hier keineswegs zu diskutieren, aus meiner Sicht. Vor allem generationenübergreifend. Es geht hier nicht nur um die Verantwortung, Taten nie wieder geschehen zu lassen, sondern auch darum, sich der Schulddynamik bewusst zu sein. Das führt zu einem anderen Schuldverständnis in Deutschland. An wie viele Stunden im Geschichte-Leistungskurs ich mich erinnern kann, in denen wir darüber diskutierten, ob wir, geboren Ende der neunziger Jahre, schuld sein könnten.

Ich erinnere mich an eine Überschrift aus der *Frankfurter Allgemeinen Zeitung* 2018: »Deutsche fühlen besondere moralische Verantwortung – aber keine Schuld«.[12] Ich habe das Gefühl, als wolle man sich diesen Begriff unbedingt vom Hals halten. Schuld wird mit Unterlegenheit verbunden, mit Unvermeidlichkeit und mit dem Kollektiv. Es ist fast, als würden Deutsche in Debatten immer in erster Linie klarstellen wollen: »Ich bin daran nicht schuld. Ich trage keine Schuld, ich habe nichts Falsches gemacht!« Als könnte sich aus erlebter oder historischer Schuld keine Reflexion ergeben. Das ist doch eigentlich das, was man aus Geschichte lernen müsste: Zu schreien, dass man keine Schuld habe, ist in erster Linie selbstbezogen und nicht hilfreich. Außerdem scheint es, als würde für viele eine kleinere Schuld gleichbedeutend sein mit schwerwiegender Schuld. Deswegen wehrt man sich dann so vehement, wegen vermeintlich kleiner Delikte oder Sachverhalte den Begriff Schuld benutzt zu sehen. So argumentierten auch wir 17-jährigen Schüler in unserem Kurs. Aber Schuld, außerhalb des historischen Kontextes, kann sowohl als Katalysator dienen, Stagnation, also Stillstand, zu überwinden, oder für politische Reflexion sorgen, die Fehler benennt und diese dann in Zukunft präventiv verhindern kann. Dazu fallen mir einige Beispiele ein. Die Klimapolitik zum Beispiel. Energiepolitik, Kohle oder vielleicht … Atomenergie?

Natürlich ist mir klar, dass Atomenergie nicht der Weisheit letzter Schluss ist, aber die Radikalität, mit der spätestens seit 2011 jede Diskussion darüber abgewürgt wird, kann ich nicht nachvollziehen:

»Wie kann man nur etwas derart Schlechtes fordern?«
»Mir geht es doch nicht per se um die Zelebrierung von Atomkraft oder die Relativierung von Atommüll. Nur bin ich ehrlich: Ausstieg jetzt und dann 60 oder 67 Jahre Müll ohne eine gute Lösung, was wir mit ihm machen, kann ja nicht das

einzige Argument gegen die Fortführung der Atomenergie sein, oder?«

»Es muss anders gehen.«

»Und wenn es nicht hinhaut? Was ist denn wichtiger, 1,5 Grad oder die Entsorgungsfrage, für die wir durchaus etwas länger Zeit haben?«

»Das ist doch kein Argument, lass uns lieber über die Erneuerbaren sprechen, warum nicht das befeuern?«

»Weil die Versorgung durch sie nicht gesichert ist. Weder du noch ich können den Ausbau im nötigen Umfang garantieren.«

»Ne, das ist einfach kein Argument, Atom geht einfach nicht, man muss alle anderen Möglichkeiten ausschöpfen.«

»Okay, dann gehen wir beide mal schöpfen, möge es im Sinne von uns allen sein.«

Atommüll – das Hauptargument gegen Atomenergie. Verständlich und nicht zu unterschätzen, keinesfalls zu relativieren. Nur, wenn wir ganz ehrlich sind: Er geht nicht weg, auch wenn wir die Laufzeit der Kraftwerke um zehn Jahre verkürzen. Die Frage nach Entsorgung und Endlager bleibt und wird auch die kommenden Regierungen beschäftigen, so oder so. Das Thema Atomenergie mit Verweis auf den Atommüll abzuschmettern, klingt für mich nach sogenanntem Whataboutism, also »die Technik oder Praxis, auf eine Anschuldigung oder eine schwierige Frage mit einer Gegenfrage zu antworten oder ein anderes Thema aufzugreifen.«[13] Dabei sollte diese Debatte nicht beim Atommüll enden, hier geht es auch ums Abwägen. Um Kompromisse. Und um die Klimavorteile von AKWs. Eins ist klar: 1,5 Grad Erderwärmung kann man nicht zwischenlagern. Zusätzlich steigen, obwohl die Verbrennung von Kohle noch auch Hochtouren läuft, die Stromkosten – 2022 wohl um ganze

3,7 Prozent.[14] Es gibt nicht den Schnipser, der die baldige Abschaltung von Kohlekraftwerken garantiert. Robert Habeck erzählt am Tag, an dem der Koalitionsvertrag vorgestellt wird, etwas von 80 Prozent erneuerbaren Energien. Auf die Frage hin, wie das finanziert werden wird, kommt als Antwort nur, man wisse wie. Darauf verlassen kann man sich also erst mal nicht, wenn man Wert auf Fakten legt.

Können Sie sich noch daran erinnern, wie sich die Atomdebatte 2011 veränderte? Wenn ich Sie heute fragen würde, ob Sie Atomenergie gut oder schlecht finden, ob Sie Atomkraftwerke als gute Art der Stromerzeugung bewerten würden, bin ich mir ziemlich sicher, viele von Ihnen würden nichts davon wissen wollen. Hat sich Ihre Meinung seit Fukushima verändert? Oder seit Tschernobyl, für die etwas Älteren unter Ihnen? Ich denke, die meisten sehen jetzt einen »Atomkraft? Nein danke«-Sticker vor ihrem inneren Auge, verbunden mit der simplen Konnotation, dass eine solche Art der Energiegewinnung schlecht ist. Negativ, nicht zu gebrauchen. Vermeidbar.

Dabei hat die Atomenergie in Deutschland eine historische Tragweite,[15] die nicht mit ihren Gegnern, sondern mit ihrem Erfolg beginnt. Deutschland gehörte nach dem Ersten Weltkrieg zu den führenden Staaten, die diese Technologie beherrschten. Die Forschung daran wurde von den Siegermächten nach dem Zweiten Weltkrieg zunächst unterbunden. Werner Heisenberg erlangte 1954 die Aufhebung des Forschungsverbotes – und der friedlichen Kernenergienutzung stand wenig im Weg. Konrad Adenauer gründete das Bundesministerium für Atomfragen – dessen Chef Franz Josef Strauß wurde. Rückblickend lässt sich diese Zeit fast als »Atomfieber« bezeichnen.

Als 1969 im südbadischen Breisach ein neues Werk ans Netz gehen sollte, zeichnete sich allerdings zunehmender Widerspruch ab. Bürgerinitiativen gründeten sich, es fanden Demonstrationen statt – und das Thema wurde letztlich von den Medien aufgegriffen, auch wenn es schon Ende der fünfziger Jahre erste Stimmen gab, die Bedenken angemeldet hatten. Im Jahre 1975 versammelten sich ganze 28 000 Menschen in Wyhl nahe Breisach, wo das Werk gebaut werden sollte. Dann folgte die berühmte »Schlacht um Brokdorf«. In den achtziger Jahren nahmen die Demonstrationen gigantische Ausmaße an, in Bonn wurde mit 150 000 Demonstranten die größte Teilnehmerzahl gemessen. Und die Atomkraftgegner feierten durchaus Erfolge – der »Schnelle Brüter« in Kalkar am Niederrhein ging nie ans Netz, obwohl er 1986 fertiggestellt worden war. Das Finale der Antiatomkraftbewegung bildete der sich jährlich wiederholende Treck gegen die Castor-Transporte ins Atommülllager in Gorleben in den neunziger Jahren. Das Unglück in Tschernobyl hatte die Ablehnung der Bürger endgültig besiegelt, Atomkraft war nicht länger Euphorie, sondern Angst, auch politisch.

Man könnte meinen, dieses Thema sei nun wirklich tot, vor allem jetzt, da die Grünen regieren! Ein Journalist warf mir mal wütend entgegen, dass das Thema ja jetzt gegessen sei. Die Abfindungen für den gesetzlich geregelten Ausstieg würden ja schließlich bereits an die Unternehmen fließen. Vielleicht ist es also eher meine Position, die »radikal« ist, finde ich die Ablösung von Kohle durch Atom doch naheliegend und clever, vor allem mit Blick auf die wortwörtlich brennenden 1,5 Grad. Aber spätestens, als ich mir – Gott bewahre, es ist nicht oft der Fall – mit Friedrich Merz bei *Lanz* einig war, dass der frühe deutsche Atomausstieg ein Fehler war, wurde mir klar, dass dieses Thema noch mal kommt. Ob als progressive Debatte oder aggressives Schuldthema, wenn es auch für die Reaktivierung zu spät ist. Letzteres ist natürlich keineswegs gut für rationale und kompromissbasierte Politik. Aber nun genug der intellektuellen Selbstbeweihräucherung, schauen wir lieber, was da so falsch gelaufen ist. Warum Entscheidungen gefällt wurden, ohne dass Debatten stattfanden. Wie gute Intentionen und radikale Kompromisslosigkeit dazu geführt haben, dass die Klimakrise zum unlösbaren Problem mutiert ist – auf der realpolitischen Ebene, fernab jeglicher Utopie. Halten Sie dafür gern Ihre Meinung bereit. Und dann können wir ja gucken, ob dieses Fass wortwörtlich noch einmal aufgemacht werden sollte.

***

Irgendwann im Frühjahr 2020 skandierte die Titelseite der *Zeit*: »Atomkraft! Wie bitte?«. Mein erster Gedanke, natürlich: Geil, es kommt. Eine Debatte, die unter Pseudointellektuellen und anerkannten Wissenschaftlern – vor allem im Ausland – schon länger brodelt. Dass diese Diskussion nicht beerdigt wurde und wieder aufgenommen werden muss, stand bereits 2011 außer Frage. Es ist schon erstaunlich, wie wir oft um uns selbst kreisen, denn die Atomfrage ist vor allem eine deutsche Frage. Kaum ein anderes Land teilt unsere Vorbehalte und die teils radikale Ablehnung. Kurz nachdem ich diesen Satz eintippe, bin ich auf Twitter – wie immer, um mich von den wirklich wichtigen Diskursen ablenken zu lassen. Es ist der 24. September 2021, kurz vor der Bundestagswahl also. Das Video einer Fridays-for-Future-Demonstration geht viral: Eine Frau hält nah an der Bühne vor dem Reichstag ein Plakat in die Höhe, auf dem sie fordert, mit Atomkraft das Klima zu retten. Kurz darauf wird sie von zwei Männern, wesentlich älter und größer als sie, angegangen, gewaltvoll. Sie reißen ihr zuerst das Plakat aus den Händen, ein paar Menschen bejubeln den Akt, manche verstehen offensichtlich nicht, was gerade passiert, sind schockiert. Auch weiteren Teilnehmern werden die Schilder entrissen. Dann wird Britta Augustin, so der Name der Aktivistin, weggezerrt. Es handelt sich bei den »Opfern« um junge Menschen unter dreißig, die gegen die Klimakrise auf die Straße gehen und für Atomkraft plädieren. Sie verbindet in erster Linie die Wut über die Tatenlosigkeit der Regierung bezüglich der Klimakrise. Gemeinsam gehen sie auf diese Demonstrationen, um eine wirksame Politik gegen die Klimakrise zu fordern, politischen Druck auszuüben. Ist das die Art und Weise, wie wir diskutieren wollen?

Ich finde, das muss man kurz verarbeiten. Nun mag es für einige verwunderlich sein, dass jemand unter dreißig es wagt, Atomkraft mit etwas anderem als »Nein, danke« zu verbinden. Dazu lässt sich jetzt schon sagen: Spätestens in diesem Kapitel werden Sie erahnen können, dass das pauschalisierte Weltbild der »Jungen« und der »Alten« in diesem Buch keinen Platz hat. Generell in unserer Gesellschaft nicht der Wahrheit entspricht – und vielleicht auch noch nie entsprochen hat. Auch, wenn die Pro-Atom-Demonstranten bei FFF in der Minderheit waren: Geringe Sichtbarkeit heißt nicht, dass es da keine Mehrheiten gibt. Unabhängig davon: Seit wann finden demokratische Meinungen jenseits von rechts- und linksextrem keinen Platz mehr im Diskurs? Diese Frage ist keineswegs in einem Ton gemeint, wie er manchmal von Männern und Frauen auf Twitter verwendet wird, um die Aufmerksamkeit auf sich selbst zu lenken, weil man sich da auf einem ganz heißen Pfad der neuen Debattenkultur wähnt. Noch mal: Es ist ja nicht so, als hätte Augustin gegen wirksame Klimapolitik demonstriert.

Spulen wir zurück. 2011 erreichen die Deutschen die schrecklichen Bilder aus Fukushima. In einem der leistungsstärksten Reaktoren Japans ist das eingetreten, vor dem man nach Tschernobyl immer gewarnt hatte: Ein weiterer Super-GAU. Nach einem starken Tsunami hatten Ausfälle der Sicherheitssysteme zu irreparablen Schäden geführt, die Kernschmelze war ab diesem Moment unausweichlich. Weit entfernt in Deutschland wird schnell reagiert, ungewöhnlich schnell für die Kanzlerin, die zu diesem Zeitpunkt erst sechs Jahre im Amt ist – sofortiges Handeln ist angesagt.

Der Atomausstieg wird beschlossen, das Urteil über das Ereignis ist schnell gefällt: »In Fukushima haben wir zur Kenntnis nehmen müssen, dass selbst in einem Hochtechnologieland wie Japan die Risiken der Kernenergie nicht sicher beherrscht werden können«, sagt Merkel. Das ist übrigens für die rationale Physikerin eine bemerkenswerte Aussage, hochemotional und sehr kurzsichtig. Hat in Japan doch auch ein Zusammenspiel von menschlichem Versagen und mangelnder Präzision zum Super-GAU beigetragen.[16] Kurz vor den tragischen Ereignissen in Japan hatte die Kanzlerin gemeinsam mit dem Koalitionspartner FDP noch die Laufzeitverlängerung der deutschen Kernkraftwerke durchgesetzt. Übrigens entgegen des unter Schröders rot-grüner Koalition vereinbarten Atomausstiegs. Doch die Bilder waren wohl zu stark, Merkel wollte nun doch ganz schnell raus aus der Kernenergie. War es Angst vor einem erstarken der Grünen? Oder vor der Mobilisierung jener, die schon in den achtziger Jahren die Politik beschäftigten? Was Idealisten so bewegen können, wenn den Stagnierenden das Wasser bis zum Halse steht.[17] Unabhängig davon, ob dieses Wasser überhaupt gefährlich ist oder man eigentlich gut darin schwimmen kann, weil es eigentlich nur lauwarm ist. Entschuldigen Sie die bildliche Sprache, aber sonst würde das hier doch keinen Spaß machen.

Zunächst wurde ein Moratorium anlässlich der Katastrophe in Fukushima angekündigt (ein vertraglich oder gesetzlich vereinbarter angeordneter Aufschub). Der Ausstiegsbeschluss liegt dann bereits im Juni 2011 vor, drei Monate nach dem Super-GAU in Japan. Mit Blick auf sonstige Wartezeiten in Deutschland durchaus ein Kracher. Aber bereits im März (der Unfall von Fukushima ereignete sich am 11. März) wurden in Deutschland acht (!) Atomkraftwerke vorzeitig abgeschaltet, weitere folgten. Derzeit laufen noch sechs: Emsland, Grohnde und Brokdorf in Norddeutschland, Isar 2, Neckarwestheim 2 und Gundremmingen C im Süden. Diese sechs Atomkraftwerke liefern übrigens knapp über 10 Prozent des deutschen Stroms. Alle sollen bis Ende 2022 abgeschaltet werden. Also abgeschaltet im Sinne von: fünf bis zehn Jahre Ablauf, Herunterkühlen der Brennstäbe, Entsorgung und Sprengung der Werke. Was nicht immer gelingt wie vorgesehen, wie zum Beispiel in Greifswald: Das Werk wurde schon vor über 30 Jahren heruntergefahren, aber die Menge an kontaminierten Stoffen – über eine halbe Millionen Tonnen sind es noch heute – gestaltet den Prozess zäh. Und je länger ein Abbau braucht, desto teurer wird es.[18]

Als Überbrückung für die plötzlichen Ausfälle (2010 machte Atomstrom 22,5 Prozent der Versorgung aus[19]) musste Deutschland bis 2015 stärker von umliegenden Ländern versorgt werden. Die Stromimporte kamen vor allem aus Frankreich und Tschechien, die bekanntlich selbst Strom aus Atomkraft erzeugen. Das alleine reichte aber nicht: Die Kohlekraftwerke mussten in den Jahren nach Fukushima mehr anheuern, die deutsche CO_2-Bilanz stieg.[20] Waren es 2011 noch rund 917 Millionen Tonnen, sind es 2014 schon 940 Millionen Tonnen.

Es ist keine Frage, dass es Alternativen zu Atomenergie und Kohle gibt. Natürlich. Und ja, der Anteil der erneuerbaren Energien am Stromverbrauch in Deutschland ist seitdem durchaus gestiegen. »Dass die Erneuerbaren so stark gewachsen sind, wie es in den letzten zehn Jahren passiert ist, haben die allerwenigsten vorhergesagt«, lautet auch das Fazit von Andreas Kuhlmann von der Deutschen Energie-Agentur.[21] Dass die Erneuerbaren auch weiterhin so ausgebaut werden sollten, dass sie das Defizit auffangen, wird niemand ernsthaft infrage stellen wollen. Nur müsste es, mit Blick auf den stockenden Ausbau der letzten Jahre, ab jetzt sehr zügig gehen. Und, Überraschung, realpolitisch sehen die Möglichkeiten der Beschleunigung eher dürftig aus. Es wird also durchaus interessant, was eine Ampelkoalition wird leisten können. Die im Sondierungspapier vorab festgelegte Solarpflicht (zum Bau von Photovoltaikanlagen auf Dächern) wird es zumindest nicht rausreißen. Und wenn wir eins nicht haben, dann Zeit.

Bis 2030 sollen rund zwei Drittel unseres Stroms aus erneuerbaren Energien stammen. Der Rest wird vor allem durch Kohle gewonnen werden müssen, sollte die neue Bundesregierung den Kohleausstieg nicht noch weiter beschleunigen, und bei einer nicht festgeschriebenen Ausstiegspflicht für das Jahr 2030 sieht es wohl nicht so aus. Wobei dann offenbleibt, woher das letzte Drittel verlässlich kommt. Es bleibt also festzuhalten: Die Deutschen brauchen Strom, und zwar viel – der Bruttostromverbrauch beträgt 600 Milliarden Kilowattstunden im Jahr. Dieser wird derzeit zu rund 40 Prozent durch erneuerbare Energien gedeckt. Die restlichen 60 Prozent werden mit Hilfe von Kohle, Gas, Erdöl und Kernkraft produziert. Und: Der Bedarf steigt.

Es stellen sich an diesem Punkt zwei Fragen, finden Sie nicht? Zunächst: Warum zur Hölle wird immer noch nicht einmal die Hälfte unseres Stroms durch die Erneuerbaren gedeckt? Diese Frage werde ich Ihnen allerdings nicht beantworten, sondern verweise auf die Sendungen von Harald Lesch oder die zahlreichen Klimaformate der Medienlandschaft, die einen durchaus guten Überblick verschaffen.

In Hinblick auf konkrete politische Entscheidungen ist es sehr gefährlich, das Wörtchen wenn zu benutzen. Das ist wie über Geld zu reden, das man gar nicht hat. Eine Option, die nicht wirklich zur Verfügung steht. Rein spekulativ. »Wenn wir die Erneuerbaren ausbauen« ist leider genau solch ein Fall. Ein *wenn* und kein *ist*. Damit allein kann man nicht arbeiten. Man braucht verlässliche Ressourcen. Wie wenn man ein Haus baut, und weiß: Alles, was ich brauche, ist sofort verfügbar.

Was die Energieversorgung angeht, so fehlt diese Sicherheit. Wir müssen uns eher fragen: Was sind die aktuellen Optionen? Wie arbeitet man vergangene, verpasste Chancen so auf, dass das Ziel trotzdem noch zu erreichen ist? Realistisch betrachtet gibt es derzeit keine verlässlichen Lückenfüller für den bald ausfallenden Atomstrom. Also verlässlichen Strom, den man einkalkulieren kann. Natürlich gibt es die Option, aus dem Ausland zu importieren. Man ist dann aber von außenpolitischen Optionen abhängig, Stichwort Nord Stream 2.

Die zweite Frage ist: Wieso hat es niemand geschafft oder für nötig befunden, seine Ideologie bei einer der wichtigsten Fragen überhaupt abzustreifen? Denn, wir erinnern uns, die Kette, wie wir zu guten Ergebnissen kommen, ist wie folgt: Idealisten setzen die Agenda, Realpolitiker finden einen Kompromiss mit den Stagnierenden.

Mit Blick auf dieses Modell ist die Aufgabenstellung recht einfach. Rund 560 Billionen Wattstunden Strom verbraucht Deutschland. Davon wird knapp die Hälfte durch grünen Strom gedeckt. Kleine Anmerkung: Vergessen wir hier auch nicht das Greenwashing von Atomstrom aus dem Ausland, das in der deutschen Bilanz schlichtweg nicht auftaucht. Das heißt: Was wir importieren und dementsprechend nicht selbst hergestellt haben, in dem Fall Atom- oder Kohlestrom, taucht in unserer Bilanz nicht auf. Weder in absoluten Zahlen in Bezug auf Atomstrom noch in der CO_2-Bilanz Deutschlands. Egal ob aus Polen importierter Braunkohlestrom oder Atomstrom aus Frankreich. Vor allem der CO_2-Wert ist interessant, da man die Verantwortung für eine Verringerung des Ausstoßes einfach verschiebt.

Die Bilanz anderer Länder ist nicht die Priorität der deutschen Politik.

Laut den Prognosen werden wir Deutschen im Jahr 2045, das der Bundestag übrigens als erstes klimaneutrales Jahr festgelegt hat, rund 1000 Billionen Wattstunden Strom verbrauchen. Es braucht bis dahin also mindestens weitere 500 Billionen Wattstunden jährlich, die erneuerbar gewonnen werden müssten. Fakt ist derzeit aber: Die Aussichten, das zu schaffen, sind trüb, und die Gegebenheiten eher nicht so optimal. Das liegt vor allem an der Bürokratie, und das kann man dem Chef von RWE, Markus Krebber, ruhig glauben. In der *Zeit* bezeichnete er die aktuelle Situation der Stromgewinnung als »bürokratische Fesseln«. Die *Zeit*-Redakteure Sebastian Kempkens und Marc Widmann kommen in ihrer Recherche dann auch zu folgender Zusammenfassung: »Während in Großbritannien ein Windpark nach dem nächsten gebaut wird, geht in deutschen Gewässern dieses Jahr auf diese Weise kein einziges Windrad neu ans Netz. Der Ausbau ist eingeschlafen. Statt Flächen für neue Windparks auszuschreiben, erstellen deutsche Behörden jahrelang Raumordnungs- und Flächenentwicklungspläne, machen Voruntersuchungen und Eignungsfeststellungsprüfungen, sammeln Beschwerden von Fischern oder dem Militär – und lassen Unternehmern wie RWE zappeln.«[22]

Ich will jetzt hier nicht die Dystopie eines stillgelegten Bürokratielochs Deutschland ausbreiten, aber die gegebenen Möglichkeiten werden keinesfalls, in keinem vorstellbaren Szenario, ausgeschöpft werden. Kurz gesagt: Lassen Sie uns nicht auf die Bürokratie setzen, dafür eilt das Thema Erderwärmung zu sehr.

Kurzum: Wir sitzen in einem Schlamassel fest. Ganz unironisch muss ich anmerken, dass selbst der ein oder andere Grüne manchmal Sätze in Hintergrundgesprächen fallen lässt, die darauf hinauslaufen, dass die komplette Abschaltung der deutschen AKWs bis 2022 etwas überambitioniert war mit Blick auf die energiepolitische Lage. Denn seien wir ehrlich, eins dürfen wir nicht vergessen: Solange die Grünen nicht mit einer 52-prozentigen Mehrheit regieren, wird es auch die finanzielle und kommunale Unterstützung sowie natürlich die auf Landes- und Bundesebene nicht geben, die es bräuchte, um das Vorhaben, bis 2030 alles über grünen Strom laufen zu lassen, wahr werden zu lassen. Denn das sind Ebenen, die kann man nicht einfach so mit gutem Willen und Straßenprotesten durchkämmen: Rainer Baake, Exstaatssekretär und Grünen-Politiker, schildert es ungefähr so: Anstatt beispielsweise neue Windräder zu ermöglichen, hätten viele Kommunen eine »Verhinderungsplanung« betrieben und betreiben sie noch heute.[23] Dazu gehört zum Beispiel, dass Bundesländer wie Nordrhein-Westfalen oder Bayern strengere Abstandsregeln von Wohngebieten zu Windkraftanlagen eingeführt haben. Das führt natürlich nicht unbedingt dazu, dass die Neuerrichtung und Modernisierung von Anlagen vorangetrieben werden. Baake bemängelt auch, dass wenige Politiker in der Vergangenheit wirklich für dieses Thema brannten. Es ist weiterhin auch nicht so, als würde die energiepolitische Wende von allen Strombetreibern mitgetragen werden. Der Ausbau neuer Leitungen von Norden nach Süden zieht sich. Vor allem, weil Bürger sich gegen die Masten in der Nähe ihrer Häuser wehren, weil sie einen Verlust von Lebensqualität und Grundstückswert fürchten.

Man erkennt hier vor allem: ausgeprägte Kompromisslosigkeit, fast schon Trotz von beiden Seiten. Dabei schafft das gemeinsame Ziel der neutralen, ausreichenden Stromgewinnung, doch eigentlich eine gute Basis für eine fruchtbare Zusammenarbeit.

Michel Friedman hat in seiner Schrift *Streiten? Unbedingt!* geschrieben: »Der Mensch und der Streit sind existenzielle

Zwillingserscheinungen. Wir suchen, wir ringen nach Antworten, finden dabei meist wieder neue Fragen. Solange wir streiten, verzweifeln wir nicht an diesem Prozess. Wer nicht mehr streitet, gibt auf.«[24] Dieser These würde ich in selbem Maße stark zustimmen wie heftigst widersprechen – wie sich das halt in einer gesunden Streitkultur gehört. Aber in der Atomdebatte wurde nie wirklich gestritten, sondern tabuisiert. Zum Beispiel mit Blick auf die Aktivistin auf der Fridays-for-Future-Demonstration, deren Meinung unsichtbar gemacht werden sollte. Im Atomdiskurs in Deutschland gibt es ein »richtig« und ein »falsch«, das wenige angetastet haben. Da hätte es die realpolitische Vermittlung gebraucht. Werke, die bis 2029 hätten laufen können, wurden früher abgeschaltet. Das Unglück von Fukushima, dem hauptsächlich ein menschlicher Fehler zugrunde lag, hat in Deutschland dafür gesorgt, dass der Idealismus gewonnen hat, ohne dass je eine realpolitische Debatte darüber stattgefunden hat. In Japan versagten 2011 die Notstromaggregate, da diese unzureichend geschützt waren, was die Atomenergiebehörde sogar Monate vorher noch bemängelt hatte. Der Betreiber Tepco ignorierte diese Warnungen jedoch – ein Skandal für sich. Dieses Versäumnis führte durch den Tsunami unglücklicherweise zu einer Kernschmelze. Ist diese Verkettung ungünstiger Umstände ein ausreichender Grund, sich hierzulande mit sofortiger Wirkung vom Atomstrom zu verabschieden?

Dieser entscheidende – menschliche – Faktor wurde rückblickend in Deutschland einfach unter den Teppich gekehrt. Die Debatte hätte darum kreisen müssen, welche Risiken sich wie einordnen lassen, von welchen Gefahren wir bei Atomkraft sprechen. Und: Natürlich gab es Fridays for Future 2011 noch nicht, aber 2017 wusste man schon lange, was ein bis zwei Grad Erwärmung wirklich bedeuten und wie nah wir einer unumkehrbaren Erderwärmung sind. Eine halbe Kehrtwende hätte … Hätte, hätte, Fahrradkette. Wenn nur der demokratische Diskurs im Gleichgewicht gewesen wäre. Aber: Das Signalwort war und ist »Gefahr«. Die Angst vor einem Super-GAU ist an sich natürlich berechtigt, aber die deutsche Antiatomkraft-bewegung hat sich als Lebensgefühl verselbstständigt. In einer sachlich geführten Debatte hätte die Ideologie weniger präsent sein müssen, gerade bei Entscheidungen von solcher Tragweite. Sie hätte uns vor der 1,5-Grad-Frage retten können. Jetzt sieht es anders aus: Kommen wir mit dem Ausbau der Erneuerbaren nicht voran, wird uns Kohle- und Atomstrom aus dem Ausland retten müssen. Großartig.

Denn: China rüstet auf, Frankreich und die USA ebenfalls. Deutschland schaltet entgegen dem Trend ab. Natürlich stoßen Atomkraftwerke auch CO_2 aus, keine Frage. Hier geht es auch nicht um gut oder schlecht, sondern um weitaus mehr: Wie erreichen wir das eigentliche Ziel, nämlich die effektive und machbare Bekämpfung der Klimakrise? Ein Atomkraftwerk produziert rund 100 000 Tonnen CO_2 pro Jahr. Zum Vergleich: Ein Kohlekraftwerk produziert rund 10 Millionen Tonnen im Jahr. Ersetzt man die derzeit noch laufenden sechs AKWs mit Kohlestrom, kann man ja mal rechnen und staunen, welchen Unterschied das macht. Dass Atomkraft keine flächendeckende Lösung mehr sein kann, ist klar. Aber es sollte eine Option sein. Und die Risiken sollten nicht per se höher eingeschätzt werden als etwa bei der Stromerzeugung aus fossilen Energieträgern. Zumal laufend daran gearbeitet wird. Dr. Walter Tromm etwa forscht am Karlsruher Institut für Technologie derzeit an der Risikominimierung der Kernschmelze, konkret: der Durch-flutung der Brennstäbe kurz vor dem Super-GAU. Atomstrom hätte eine wichtige Brückenlösung für die Stromerzeugung in Zeiten des Klimawandels sein können.

Genug der Atomdebatte. Sie soll ja in erster Linie auch nur

als Beispiel dienen: Sie sehen, unterschlagene Argumente durch überpräsenten Idealismus können auch in eine Sackgasse führen. Denn sie verdeckt Perspektiven, die eigentlich problemlösend sein oder zumindest eine Kompromissbasis bilden können.

***

Das Thema Atomstrom eignet sich ziemlich gut, um zu verstehen, warum Kompromisslosigkeit, verstanden als Ablehnung jeglichen Diskurses, negative Konsequenzen für unsere Gesellschaft als Ganze haben kann. Egal, wie nobel die Intentionen auch erscheinen mögen. Aufgrund des fehlenden Interesses, einen Kompromiss zwischen beiden Seiten zu finden und stattdessen eine einmal gefasste Meinung – Atomkraft ist schlecht – gegen alle Widerstände durchzusetzen, sind wir jetzt, platt gesagt, vom Regen in die Traufe geraten. Seit 2011 haben wir durch den Ausstieg Millionen von Tonnen mehr CO_2 produziert und müssen den Energieversorgern rund 2,4 Milliarden Euro dafür zahlen.[25]

Das ist natürlich nur *ein* Beispiel. Wenn man sich ein bisschen umschaut, ist es ziemlich erstaunlich, wo sich überall scheinbar unumstößliche Wahrheiten halten, Dinge, bei denen sich eine Debatte verbietet oder die Fronten zumindest ganz klar sind. Und das mit handfesten Konsequenzen für uns alle.

Die schwarze Null. Kennen Sie die? Mögen Sie die? Mich würde wahnsinnig interessieren, was Sie damit verbinden. Ich als Teil der »Wir-kennen-nur-Merkel-Generation« wusste lange vor allem nur: Das muss so. Die schwarze Null ist eine feste wirtschaftliche Norm, um deren Einhaltung uns der Rest der Welt beneidet. Auch Kollegen, die zehn Jahre älter sind als ich, ist sie nur als Maß aller Dinge bekannt. Die schwarze Null verbinden wir mit den Attributen »gut« oder »sicher«, für manche ist sie gar gleichbedeutend mit dem Anspruch eines Staates, keine Schulden zu machen. Nur zeigt die schwarze Null natürlich nicht an, wie stark ein Staat im Minus ist oder auch nicht. Damit hat sie nichts zu tun. Sie ist ein Richtwert dafür, ob der Staat mit unseren Steuergeldern auskommt.

Da mit der deutschen Wirtschaft unweigerlich der Kapitalismus westlicher Prägung verbunden wird, wäre ja davon auszugehen, dass die schwarze Null auch unseren europäischen Nachbarn oder den US-Amerikanern ein Begriff ist, oder?

Bevor ich Sie aus Ihrer Ahnungslosigkeit reiße, lohnt vielleicht noch ein Blick auf die Herkunft der schwarzen Null. Bei einer solch wichtigen Größe der deutschen Finanzpolitik könnte man ja davon ausgehen, dass sie historisch schwer beladen ist. Doch tatsächlich etablierte sich erst 1992 der Begriff, sein Urheber war der damalige AEG-Chef Ernst Georg Stöckl. Der erfand den Begriff aber keineswegs in Bezug auf staatliche Finanzen, sondern auf sein Unternehmen. Er setzte sich zum Ziel, AEG in die Gewinnzone zurückzuführen, und gab dabei die schwarze Null als Zwischenziel aus. Der Begriff wurde, unter anderem von der Presse, viel zitiert und verwendet – und verbreitete sich. Man sollte sich als Laie outen, wenn man ein solcher ist, und so war ich während der Recherche zu diesem Thema – das mich ohnehin brennend interessiert, fernab von dem Diskurs dieses Buches – wirklich erstaunt. Zumindest eine Wurzel in der Nachkriegszeit, vielleicht in den fünfziger Jahren, hatte ich mir vorgestellt – und eine finanzpolitisch wichtigere Figur als einen Privatunternehmer.

Aber Stöckl etablierte den Begriff – erst mal ja nichts Schlimmes. Unternehmerisch erwies sich die schwarze Null dann jedoch als heiße Luft. Die *Frankfurter Allgemeine Zeitung* kommentierte die folgenden Milliardenverluste des Unternehmens wie folgt: »Die sogenannte schwarze Null passt eher ins Spielcasino. Nur zu oft verbirgt sich dahinter nämlich ein notdürftig kaschierter Verlust.«[26]

Heute steht die schwarze Null für seriöse Finanzpolitik, übrigens auch in der *FAZ*. Aus dem Jahr 2019 finden sich Überschriften wie »Die Pflicht zur schwarzen Null«, und in den dazugehörigen Artikeln wird ganz unironisch diese Norm als solche erachtet und gestützt.

Man könnte an dieser Stelle sicherlich auch darüber streiten, wie toll oder schlecht die schwarze Null ist oder ob sie sich ebenso als heiße Luft für die Bundespolitik erwiesen hat. Was aber in jedem Fall ganz klar ist: Die Aversion gegen neue Verschuldung ist eine konservative Weltanschauung; unkontrolliertes Geldausgeben und neue Verschuldung hingegen sind eine »linke Farce«. Selbst Linke glauben das, glauben Sie mir. Darum geht es aber nicht, ich mache hier sicherlich keine finanzpolitische Debatte auf, sondern nur jene um die scheinbar allgemeingültig gesetzte Norm und ihre Herkunft. Doch worum handelt es sich dabei eigentlich genau? Wir Deutschen wissen vor allem, dass die schwarze Null Sicherheit bedeutet. Also: keine hohe staatliche Verschuldung und eine gute finanzpolitische Führung. Sie ist ebenso gesetzt wie die Tatsache, dass Atommüll mehr als bescheiden ist und die Erderwärmung fortschreitet. Nur stimmen im Prinzip nur zwei dieser drei Behauptungen wirklich. Und dieses Unwissen ist gefährlich – für progressive Debatten und die Politik, die aus ihr folgt.[27]

Kritik an der schwarzen Null gibt es durchaus schon länger, nicht dass Sie denken, ich würde eine linke Hasspredigt verfassen. Wiederholt äußerten die *Süddeutsche Zeitung* oder die *Zeit* Zweifel an der Politik der schwarzen Null. Die Grünen und die Linke ebenfalls. Die Hauptargumentation dabei: Die schwarze Null und die damit verbundenen Einsparungen gehen auf Kosten öffentlicher Investitionen. Die schwarze Null an sich als ökonomisch gesetzte Norm wurde dabei jedoch selten hinterfragt. Oft folgt dann auch die Forderung, dass die schwarze Null auf lange Sicht gesichert werden solle und neue Defizite verhindert werden müssten. Lukas Haffert bezeichnet das als gequältes »Ja, aber«. Heftigeren Widerstand, der die Debatte nachhaltig beeinflusst hat, gibt es erst seit der großen Klimabewegung Fridays for Future oder auch durch die Maßnahmen im Zuge der Covid-19-Pandemie.

Der Erfolg der schwarzen Null wird allgemein mit der Union verbunden. Wolfgang Schäuble gilt als ihr Erzeuger. Er prägte diesen Begriff wie kein Zweiter und konnte sich im Jahre 2014, während der Eurokrise, auf diesem Erfolg ausruhen – auch, weil niemand wirklich etwas entgegenzusetzen hatte, bis auf das Stichwort Investitionen. Die öffentliche Meinung, die Stimme des normalen Volkes stützten ihn. Durchaus stimmten auch Anhänger der Oppositionsparteien der Politik der schwarzen Null zu. Und das ist der Knackpunkt: Steht die Mehrheit hinter einer Meinung, die von Unwissenheit geprägt ist, wird die Norm zum neuen Nenner des Kompromisses. Wenn man sich heute also bei der ewigen Frage »konservative Schuldenpolitik vs. mehr Investitionen« für Letztere einsetzen will, ist man daher gezwungen, mit der schwarzen Null zu arbeiten, sie zu thematisieren. An ihrer Bedeutung ist nicht zu rütteln.

Übrigens sind Konservative keineswegs dumm, weil sie die schwarze Null wichtig finden, sie ist nur instrumentalisiert, getriggert vom Streben nach vermeintlicher Sicherheit. Ihre Instrumentalisierung war unumgehbar, um sie sich politisch zu eigen zu machen. Denn eigentlich hat sie mal als sprachliches Bild gedient, um finanzpolitische Vorhaben für alle greifbar zu machen – in dem Falle ausgeglichene Haushalte und die Kontrolle über die Staatsfinanzen. Daraus folgt dann der Glaube, der sich bis heute hält, dass die schwarze Null per se etwas Positives bedeutet.

Die Einhaltung der schwarzen Null zeugt bei uns vor allem von guter Regierungsarbeit, das kann man wohl so sagen. Wenn Konservative dieses Ziel erreichen, ist das ein Beweis dafür, dass der Staat stabil ist, ein machtpolitischer Orgasmus. Als es während der Haushaltsdebatte Kritik aus der Opposition gab, hörte sich Schäuble dementsprechend so an: »Ich kann ja verstehen, dass es für Sie, nachdem Sie in Meinungsumfragen gesehen haben, dass es sogar die Anhänger der Oppositionsparteien in großer Mehrheit für richtig halten, dass wir keine neuen Schulden machen, ein bisschen schwieriger ist, hier dagegen zu polemisieren. [...] Sie reden gegen die breite Überzeugung der Bevölkerung wie des wirtschaftlichen Sachverstandes in Deutschland, wenn Sie diese Finanzpolitik kritisieren.«[28] Ganz nach dem Motto: Gnade Gott, wer Befürworter von Staatsschulden ist, der könnte glatt ein Feind des Staates selbst sein.

Ein interessantes Paradoxon in diesem Zusammenhang ist übrigens, dass es auf ein paar Millionen mehr oder weniger dann auch nicht ankommt, wenn man sich entschieden hat, Schulden zu machen. Der CDU-Politiker Rüdiger Kruse äußerte sich dazu folgendermaßen: »In der Vergangenheit wäre es so gewesen: Wenn man bei einem Ziel, nur 20 Milliarden neue Schulden zu machen, bei 20,1 Milliarden gelandet wäre, hätte keiner was gesagt. Ich kann mir aber nicht vorstellen, dass jetzt einer von uns auch nur 100 Millionen Euro auf die schwarze Null in Rot drauflegen möchte. Das ist die große Leistung«[29] – die Wolfgang Schäuble dann übrigens final als Gefängnis für die eigene Partei hochgezogen hat: Es ist schwer, mit diesem Dogma Innovationspolitik zu betreiben.

Lustig übrigens, dass Schäuble von Sachverstand spricht. Wir Unbedarften glauben ja oft, dass alles gut ist, wenn Leute bestimmte Fachbegriffe verwenden oder sich finanzpolitisch kompetent anhören. Das beste Beispiel dafür ist übrigens Friedrich Merz. Friedrich Merz hat im Bundestagswahlkampf vor der »Liquiditätsfalle« gewarnt, und damit indirekt vor der Personalie Olaf Scholz. Puh, da musste ich auch mal googeln. Unter Merz' Tweet bestritten dann schnell diverse Ökonomen, dass das Szenario einer Liquiditätsfalle überhaupt im Raum stehe. Das interessierte Merz jedoch nicht. Er hängt seine eigene »finanzpolitische Erfahrung« hoch, wobei man ehrlicherweise sagen kann: Bis auf den Fraktionsvorsitz hatte Merz kein einziges politisches Amt inne, das ihn ansatzweise mit Finanzpolitik in Berührung gebracht hat. Aufsichtsratsposten bei Unternehmen sind jetzt nicht das, was ich unter Erfahrung verstehe.

(Auch) junge Leute stehen auf die Ausstrahlungskraft von Kompetenz, wie man an der Jungen Union sehen kann. Natürlich war Merz auch der einzige Kandidat für den Vorsitz der CDU, der im Gegensatz etwa zu AKK oder auch Laschet noch keine Fehler in der Politik gemacht hatte, oder anders gesagt: ein vermeintlich unbeschriebenes Blatt. Aber er hat ja finanzpolitische Kompetenzen. Und das macht in Deutschland attraktiv.

Sie können gern einen Selbstversuch starten: Einfach mal »Liquiditätsfalle«, »Nullzinspolitik« oder »schwarze Null« in einen halbgaren Satz packen und twittern, und die Leute werden denken, Sie wären irgendwie im Thema drin. Das ist die Angst vor dem eigenen Unwissen und dem Enttarntwerden, denn in unseren Debatten sind Schwächen und fehlende Allwissenheit nicht angebracht, außer man benutzt sie als stilistisches Mittel. Die Angst vor der eigenen Entwertung ist oft zu groß. Dabei sollte es allgemein bekannt sein, dass man falschliegen kann. Unsere Leistungskultur hat das Offenlegen von Fehlern und Verzeihen noch zu lernen, wenn ich so übergriffig sein darf, das zu äußern. Denn sonst landen wir halt hier, bei der schwarzen Null, die keiner und alle verstehen, und die dennoch die Finanzpolitik und das Verständnis derselben maßgeblich beeinflusst hat.

Ein prominentes Beispiel für die Vermeidung von Staatsverschuldung ist auch David Hume. Der bezeichnete das Schuldenmachen als verführerisches Mittel für Minister, schnell zu Erfolgen zu kommen, und den großen Mann (natürlich) spielen zu können. Daher müsse es eine den Staat schützende Begrenzung geben. Und er führt aus: »Es würde kaum geringere Klugheit offenbaren, einem verschwenderischen Sohne bei jedem Bankgeschäft in London Credit zu geben, als einen Staatsmann zu ermächtigen, in einer derartigen Weise Wechsel auf die Nachkommen zu geben.«[30] Lukas Haffert bezeichnet das Ganze dementsprechend als »moralisch aufgeladene Verschuldungskritik«, die Schäuble traditionell weiterführt.

Der Fehler in der Matrix ist schlicht gesagt folgender: Man geht irrtümlicherweise davon aus, dass private Haushalte ähnlich wie öffentliche laufen. Die finanziellen Möglichkeiten einer vierköpfigen Familie aus Köln-Sülz lassen sich aber nur schlecht mit dem Finanzhaushalt des Bundes vergleichen. Dass man das in der Debatte aber trotzdem viel zu oft tut, zeigt die persönliche Betroffenheit der Bevölkerung, wenn es um die Schuldenfrage geht. »Wir haben kein Geld dafür« oder »Der Steuerzahler sollte seinen Kopf nicht für die Inkompetenz von Politikern hinhalten müssen«, hört man oft bei Weihnachtsfeiern oder semigut vorbereiteten Polittalks im Ersten.

Anstrengend, wenn Sie mich fragen. Selbst die Kanzlerin sprach schon von der schwäbischen Hausfrau – eine politisch gefährliche Metapher, da sich die schwäbische Hausfrau definitiv angesprochen fühlt, und dann ihren Haushalt mit dem des Staates vergleicht. Das Verständnis von gesunden Finanzen ist nachhaltig gestört, da (zu) viele Leute mit dem Begriff der schwarzen Null automatisch etwas verbinden. Was folgt, ist ein

Teufelskreis in der Debatte um Neuverschuldung, der – Obacht! – mit Kompromissen aber durchbrochen werden könnte.

Sprechend ist in Bezug auf die schwarze Null auch, dass nur wir Deutschen sie kennen und uns danach richten. Dieser absurde Begriff ist innerdeutsch geblieben, niemand kennt ihn sonst irgendwo auf der Welt. Das ist schon erstaunlich, oder? Nachdenken über Investitionen und kluge Schulden allerdings tut man auch anderswo. Das aber wissen wiederum die wenigsten in der Bevölkerung, sodass der Mythos der schwarzen Null bestehen bleibt. Über keynesianische Thesen würde ich jetzt urgern noch sprechen, aber lassen wir das. Der Punkt scheint gemacht.

Unsere politischen Debatten sind geprägt von Ideologie und Unwissen. Oft werden Diskussionen und die Suche nach neuen Lösungen bereits durch gezielte Agendasetzung (oft infolge von Unwissen) verhindert. Das kompromisslose Festhalten an der schwarzen Null hat dringend notwenige Investitionen verhindert und das Land verrotten lassen. Kaputte Schulen, Gleise oder Brücken fallen einem irgendwann auf den Kopf, da hat man dann auch nichts mehr davon, dass man vermeintlich gespart und Schulden zurückgezahlt hat. Denn Geld ist nicht die einzige Einheit, in der sich Wohlstand messen lässt.

Das alles ist bedauerlich, aber kein Grund, den Kopf jetzt hängen zu lassen. Kompromisse sind immer zu machen, auch später als früher, auch wenn sich Gegebenheiten und Parameter geändert haben. Man kann immer damit anfangen, und ich versichere Ihnen: Es wird immer ein progressives Endergebnis geben, wenn auch mit unterschiedlicher Wirkmacht. Aber der Kompromiss wird kommen, versprochen.

DAS DRITTE KAPITEL

ÜBER BOOMER, ELTERNBRIEFE UND DIE REALISTISCHE ABHÄNGIGKEIT VON DER MITTE

»Jede Empörung, jedes Missverständnis ist eine Gelegenheit zur Vertiefung der Kommunikation.«

Jagoda Marinić[31]

Ohne eine gesellschaftliche Avantgarde, ohne die Idealisten, funktioniert die Gesellschaft nicht. Nur sie schafft es, wirklich neue Ideen in die Debatte einfließen zu lassen. Aus der Mitte werden aktuelle Umstände eher selten drastisch hinterfragt werden.

Idealisten sind übrigens meistens links und aktivistisch präsent, sie arbeiten fern von politischen Parteien oder Organisationen wie der Linken und den Jusos. Rechte werden hier übrigens nicht als Idealisten bezeichnet. Sie sind nie Teil der Rechnung, aber als treibende antidemokratische Kraft sind sie durchaus zu beachten, wenn es um die Auswirkungen von Polarisierung und Intransparenz der Politik geht. Neben den Idealisten gibt es die Realisten. Auch sie sind nicht zwingend an Parteien gebunden, eher an Positionen. Wie Kevin Kühnert, der vor vier Jahren wahrscheinlich noch persönlich Andrea Nahles enteignet hätte, das jetzt aber, aus taktischen politischen Gründen, nicht mehr so unterschreiben würde. Realisten sind Taktiker. Sie haben das Ziel im Blick, sind aber flexibel, wie der Weg dorthin aussehen kann. Als letzte, größte Gruppe kommen die Stagnierenden. Für sie genießt gesellschaftlicher Fortschritt keine Priorität, oft sind sie polarisierend, mitunter gar geblendet. Politische Forderungen vertreten sie hauptsächlich aus Eigennutz. Will man irgendwas politisch oder gesellschaftlich durchsetzen, kommt man an ihnen nicht vorbei. Sie gilt es zu überzeugen, denn sie sind in der Mehrheit.

Aus einer idealistischen Forderung allein ergibt sich noch keine konkrete Politik, so gern die Revolutionäre es auch hätten, und so »gut« und selbstlos ihre Ideen auch sein mögen. Der nächste Schritt muss die Etablierung der Idee sein, nicht die vollkommene Zustimmung.

Nehmen wir hier noch mal das Gendern als Beispiel. Die uns bekannte hohe Zahl der Gegner zeigt, dass die Befürworter des Genderns in der Minderheit sind. Im Sinne einer gewollten und fortschreitenden Gleichberechtigung – so sind sich jene Idealisten sicher – muss das allgemeine Gendern der nächste wichtige und sofort erforderliche gesellschaftliche Schritt sein. Solange sich aber keine Mehrheiten dafür finden, ist ein allgegenwärtiges Gendern de facto fern.

Ein noch aktuelleres Beispiel ist die ständige Debatte über den sogenannten Generationenkonflikt. Ich möchte dabei auf mein Stück zurückgreifen, das im Rahmen einer Boomer-Titelgeschichte in der *Zeit* erschienen ist:

Alles im Leben ist Politik, hat mir mal ein Boomer gesagt. Man könne sich nie auf sich selbst verlassen, sondern brauche stets neue Koalitionen im Leben. In meinem Leben hat sich diese These immer als richtig erwiesen. Sie stimmt auch im Generationenkonflikt zwischen Millennials und Boomern. Als der Begriff »Boomer« im November 2019 zur amtlichen Beleidigung für alle Älteren wurde, beging die Generation Fridays for Future damit deshalb einen großen Fehler: Sie verbaute sich die Option für die denkbar progressivste Koalition.

Sich anhören zu müssen, man selbst habe Fehler gemacht, und beschuldigt zu werden, man habe eine beschädigte Welt hinterlassen, kratzt natürlich am Ego. Die Boomer fühlen sich also zu Recht angegriffen. Nachdem man seinen Beitrag geleistet hat, stets zur Arbeit ging, ein Haus baute, die Kinder versorgte, kreiden einem nun andere (unter anderem diese Kinder) solche Leistungen an. Das ist ein Schock, und um den zu verarbeiten, braucht es Zeit. Die Millennials müssen daher jetzt geduldig sein. Vielleicht hilft die anstehende Rente den Boomern ja. Da finden sie endlich Zeit, um über Generationenkonflikte nachzudenken.

Eins dürfen wir nicht vergessen: Babyboomer müssen sich nicht für unsere Zukunft interessieren. Sie sind und bleiben die privilegierteste Generation ever, die in Frieden scheiden darf. Wir sind angewiesen auf ihren guten Willen und müssen deshalb ein bisschen nachsichtig sein im Namen der progressiven Diplomatie. Der Mensch ist und bleibt ein Egoist. Wir können von den Boomern nicht erwarten, dass sie alle eigenen Interessen aufgeben, ihre Immobilien verschenken und keine Kreuzfahrten mehr machen. Das heißt aber nicht, dass sie keine Empathie haben. Sie sind unsere Eltern und Großeltern, auch sie wünschen den Jungen nicht den Hitzetod.

Demokratische Progressivität hat sich stets bewiesen: Idealisten zeigen die Grundprobleme des Systems auf, Realisten suchen Lösungsansätze, und die Stagnierenden werden überzeugt. Nicht alle CDU-Wähler, nicht alle Boomer sind stagniert. Diese Pauschalisierung trifft mit destruktiver Kraft auf das Vorurteil, die junge Generation habe einfach nichts erreicht. Auch Pauschalisierungen sind eine Art von Populismus, mit dem man nicht weiterkommt. Wir haben keine Zeit, Schuldfragen zu klären, denn das verhindert, dass wir im richtigen Moment zusammenarbeiten.

Wer etwa die Politik der Union kollektiv als schlecht bezeichnet, verkennt, wie diese Arroganz jeglichen Kompromiss torpediert. Realpolitisch werden CDU und CSU auch in den nächsten Jahren bedeutsam sein. Progressive Politik wird nur durch Zugeständnisse möglich. Andreas Scheuer zum Beispiel wird attackiert für die Maut, aber dass er auch der erste Bundesverkehrsminister ist, der erheblich in die Bahn investiert hat, übersieht man dabei. Wir müssen anerkennen, wenn Boomer das Richtige tun, und sie positiv darin bestärken.

Eine GroKo zwischen Alt und Jung muss kommen. Die Basis gibt es bereits, Fridays for Future wird von Eltern, Lehrern, Großeltern und Wissenschaftlern unterstützt. Auch in der CDU wird es irgendwann einen Generationenwechsel geben – und diese Politiker werden sich dann um die Anliegen der nächsten Generation kümmern, auch weil es ihre eigenen Anliegen sind. Außer diese nächste Generation übernimmt die Häme der Jüngeren, die Schadenfreude über den Weltuntergang, den Fatalismus der Älteren. Dann kann uns wirklich keiner mehr helfen.[32]

Grundsätzlich ist heutzutage die Pauschalisierung der Meinung mit Bezug auf das Alter ein großes Problem. Das Klima im alltäglichen Miteinander wird schwieriger und aggressiver. Alte Menschen jedoch sind zahlenmäßig deutlich in der Mehrheit. Die über 65-Jährigen machen fast ein Viertel der deutschen Bevölkerung aus. Und der geburtenstarke Jahrgang der »Babyboomer« wird diese Altersschwelle erst noch in Kürze überschreiten. Die Kompromisslosigkeit, mit der oft die Meinung der Älteren verworfen wird, bringt uns nicht weiter. Die Fronten werden eher noch härter, als dass sich Probleme in Luft auflösen. Wie erbittert sich die Generationen inzwischen angehen, lässt sich auch gut am Beispiel von Rezo verdeutlichen. Können Sie sich an die Debatte rund um »OK Boomer« erinnern? Dieses Internet-Meme, das vor allem 2019 oft genutzt wurde, um die als stereotyp angesehenen Ansichten der Baby-Boomer-Generation zurückzuweisen und sich über diese lustig zu machen?[33]

2019 war das Jahr der Europawahl, viele junge Menschen durften das erste Mal wählen, und Rezo hatte vermeintlich gerade die Union zerstört. Im Nachhinein muss man sagen: Hat er nicht, das kann die Union schon ganz allein, schaut man auf den Spießrutenlauf 2021.

Das aggressive Klima – sowohl auf der Straße wie auch wortwörtlich – wurde immer präsenter. Fridays for Future, Greta Thunberg und Luisa Neubauer, es schien, als würde die junge Revolution vor der Tür stehen. Dagegen formierte sich erwartungsgemäß Widerstand. »OK Boomer« wurde zum Gefühlsausdruck einer ganzen Generation. Rezo schrieb dazu in einer Kolumne:

»Leute über 50 schreiben was Dummes ins Internet und Jüngere kontern mit einem patzigen Meme. Verschärft das unnötig den Generationenkonflikt? Nein, es muss mal sein.«[34]

Dieses Boomer-Beispiel ist nur eines von vielen. Ich empfinde Sprache als unglaublich wichtigen Teil von Politik und elementar für viele Arten von Entwicklungen. Ehrlich gesagt weiß ich nicht, wie echte Boomer, denen die Internetkultur in der Regel fern ist, mit dieser Phrase umgehen. Ob diese verbale Verschärfung wirklich ein wichtiges und nötiges Mittel gewesen ist, ist eine Frage, die niemand hundertprozentig beantworten können wird. Was man jedoch auf jeden Fall sagen kann: »OK Boomer« war ein gutes Beispiel dafür, wie viele Debatten am Ende verhärtet werden: ihr und wir, richtig oder falsch. Das ändert aber trotzdem nichts an dem Abhängigkeitsverhältnis zwischen Idealisten und Stagnierenden. Erstere müssen Letztere irgendwie ins Boot holen.

Bleibt man bei dem Beispiel des Generationenkonflikts, heißt das: Um die Forderung der Jungen durchzudrücken, müssen die Alten miteinbezogen werden. Es sollte ziemlich klar sein, wie das auf gar keinen Fall gelingen wird: die Verhöhnung des

Alters, eine Reduzierung des Diskurses auf die scheinbare Senilität des Gegenübers. Können Sie sich noch an die »Enkelbriefe« erinnern? Durchaus eine durch die Twitterblase getragene Aktion. Junge Menschen und Influencerinnen wie etwa Diana zur Löwen riefen dazu auf, einen sogenannten Enkelbrief an die eigenen Großeltern zu schreiben, in dem man darum bittet, dass diese doch mit Blick auf die Zukunft der Enkel wählen sollten. Erst mal, und ich weiß, ich mache mich da unbeliebt mit Blick auf hochemotionale Twitter-Debatten, aber: Es ist schon krass entmündigend, den Älteren das Demokratieverständnis abzusprechen. Denn laut den Briefen würden alle außer den Grünen und Linken die Zukunft der Jugend versauen. Was ja mit Blick auf die Stimmanteile von FDP und Union (wie auch tragischerweise von der AfD) bei den jungen Wählern gleich doppelt paradox ist. Vielleicht hätte man die Enkelbriefe auch an die vermeintlich alten Jungen schicken müssen?

Es ist doch so: Die Ideologen (nehmen wir hier zähneknirschend das Kollektiv der Jungen) haben ein Anliegen: Linke, radikale Klimapolitik. Die Konservativen, Stagnierenden, das sind mehrheitlich die Alten. In der Mitte stehen die Realisten, die Vermittler, die entweder nicht politisiert sind oder beide Meinungen verstehen. In Anbetracht der Masse der Alten liegt es dann an den Jungen, Mehrheiten zu gewinnen. Nun scheint das Mittel der Denunziation vielleicht nicht das geeignete zu sein. Erinnern wir uns zum Beispiel an das viel diskutierte »Umweltsau«-Lied im WDR. Wo die Oma zur allgemeinen, stigmatisierten Umweltsau verkam. Das kann man achselzuckend als Satire hinnehmen, aber das internalisierte Bild wird dadurch trotzdem bestärkt. Zumal der kollektive Vorwurf, dass alle über fünfzig ihre Wahl entgegen den Interessen junger Menschen (die in Form von Enkeln und Kindern ja oft Teil der engeren Familie sein dürften) treffen, und somit ein mangelndes Empathiebewusstsein an den Tag legen, auch nicht besonders zuvorkommend ist.

Der Wahlausgang hat ja durchaus bescheinigt, dass diese Rechnung nicht aufgegangen ist. Auch, weil die ideologische Seite allein an die eigenen Präferenzen gedacht hat. Denn um Stagnierende zu begeistern, sollte man auch wissen, was ihnen wichtig ist, was sie wollen. In diesem Fall etwa, bleiben wir plakativ, wären das wohl das Versprechen einer sicheren Rente, eine Regierung, die nicht den Anschein macht, reine Verbotspolitik zu machen, und – kein Tempolimit.

***

Selbst wenn ein Großteil der Bevölkerung idealistische Ideen befürwortet, wenn das zum Beispiel in Meinungsumfragen deutlich wird, heißt das nicht, dass das automatisch zur Folge haben wird, dass so etwas dann sofort umgesetzt wird. Denken Sie zum Beispiel an den Volksentscheid »Deutsche Wohnen & Co enteignen«. Das ist der Name einer Bürgerinitiative in Berlin, die einen Volksentscheid über die Enteignung und Vergesellschaftung privater Wohnungsunternehmen erreicht hatte. Unternehmen sollen für die Enteignung entschädigt und die Wohnungen in eine Anstalt des öffentlichen Rechts überführt werden. Auch in anderen Städten, etwa in Hamburg, versucht man, Mehrheiten dafür zu finden.

Abgesehen davon, dass ich es echt hart finde, ein solch komplexes Vorhaben, reduziert auf eine griffige Formel, mit einer kurzen Erklärung einfach so in die Bevölkerung zu geben, haben idealistische Forderungen bei der Umsetzung ihre Tücken. Denn – Achtung! – realpolitisch gesehen, würde es auch mit einem entsprechenden Gesetz nicht direkt zu einer Umsetzung kommen, die man als Lösung im Sinne der Befürworter des

Vorstoßes bezeichnen könnte. Denn es würden ja nicht nur Parteien und Personen diese Idee politisch umsetzen müssen, die hundert Prozent hinter ihr stehen. Die Chance, dass solch ein Vorhaben auch im politischen Alltag radikal umgesetzt werden würde, ist äußerst gering. Hinzu käme der Backlash, dass etwa zunächst die Ausgaben der öffentlichen Hand in den nächsten Jahren immens steigen würden und das ja irgendwie umgelegt werden müsste. Nichts könnte ferner von der Realität sein, als der Gedanke: »Ich mache mein Kreuz, und dann wohnen alle in Zukunft sozial und günstig«.

Die Mehrheit der Berliner hat am 26. September 2021 jedoch dafür gestimmt, die Wohnungsbaukonzerne zu »enteignen« (was in diesem Fall ja nicht einmal zutrifft). Die Parteien jedoch, und vor allem die designierte neue Bürgermeisterin Franziska Giffey, hatten schon vor dem Entscheid deutlich gemacht, dass sie dem Wunsch der Mehrheit nicht nachkommen wollten. Das schürte natürlich Unmut unter den Berlinern. Doch prinzipiell hatten die Parteien nicht so unrecht. Ihre Bedenken waren durchaus fundiert. Es ist gar nicht so einfach, Wohnraum von heute auf morgen durch Enteignungen günstig und für alle zugänglich zu machen, so wie sich die Idealisten das in jenem utopischen, sozialpolitisch natürlich verständlichen Szenario vorgestellt hatten. Dabei spielen andere Debatten um neuen Wohnraum in Großstädten eine Rolle, wie zum Beispiel die Bebauung des Tempelhofer Feldes in Berlin, bis hin zu engen Verflechtungen bestimmter Parteien mit der Vermieterlobby, sodass eine solche Wohnungspolitik schlichtweg unmöglich scheint. Dabei zeichnet sich ein wichtiger Grundsatz ab, der immer vernachlässigt wird, wenn die Fronten sich verhärten: Es ist alles immer viel komplexer, als man glaubt. Und meistens merkt man erst, welche Faktoren man vergessen hat, wenn es darauf ankommt: nämlich bei den Wahlen.

Bei Wahlen bündeln sich Entscheidungsfaktoren. Die Bundestagswahl 2021 war eigentlich ein gutes Beispiel dafür. Viele bezeichneten sie als »Zukunftswahl« oder als »letzte Chance«. Damit war vor allem die Abwahl der Union gemeint, oder besser gesagt: Ein klares Votum für Parteien, die den Klimaschutz als absolutes und größtes Problem erachten und ihre Politik primär danach ausrichten. Und so ruhte die große »Hoffnung« auf den Grünen, vor allem auf deren Kanzlerkandidatin Annalena Baerbock. Rückblickend ist es schon etwas komisch, wie viel von einer Partei erwartet wurde, die sich aus einer Antiatomkraftbewegung gebildet hatte, und die damit jahrzehntelang ein einziges bestimmendes Thema hatte. Von dieser Partei wurde nun erwartet, dass sie die Politik radikal und sofort ändern könne, wohlwissend, dass die Erreichung der absoluten Mehrheit in weiter Ferne war. Eine völlige Missachtung jeglicher – und jetzt kommt das Wort dieses Buches – Realpolitik.

Kurzer Exkurs, denn in die tiefe Materie der Realpolitik steigen wir später noch ein: Die Realpolitik ist jene Politik, die vom Möglichen ausgeht und auf abstrakte Programme und idealistische Postulate verzichtet. Konkret bedeutet das: Der Realpolitiker kann sich auf dem Weg zum Ziel an jeder Gabelung neu entscheiden. Alle Wege sind für ihn eine Option (sofern sie wirklich begehbar und nicht etwa mit Nägeln ausgelegt sind). Ganz links und ganz rechts werden die Wege ideologischer, was meist mit Nachteilen verbunden ist, denn sie inkludieren oft, dass ein Teil der Gesellschaft das Nachsehen hat. Ein simples Beispiel:

X und Y regieren.
X fordert den sofortigen Ausstieg aus der Kohle.
Y lässt sich dazu breitschlagen, trotz Bedenken.
Die Parlamente stimmen zu.

Es folgt der sofortige Ausstieg.
Unmittelbar darauf kommt es bundesweit zu Stromausfällen,
die Energieproduktion ist zu gering.
–> Radikale Vorschläge sind in der Realität oft nicht machbar,
politisch nicht umsetzbar.

Realpolitisch würde es folgendermaßen aussehen:

X und Y regieren.
X fordert den sofortigen Ausstieg aus der Kohle.
Y schlägt vor, die Faktoren so anzupassen, dass der Ausstieg
zehn Jahre früher als geplant möglich ist.
Die Parlamente stimmen zu.
Es folgt ein geplanter Kohleausstieg mit verpflichtenden Maß-
nahmen, wie dem Ausbau erneuerbarer Energien und einem
dafür eingeplanten Polster im Haushalt, um diese wirklich
finanzieren zu können.
–> Politisch machbar und mit den zur Verfügung stehenden
Mitteln (auf lange Sicht) auch umsetzbar.

In beiden Szenerien bin ich sehr idealistisch davon ausgegangen, dass die Regierungsparteien sich überhaupt einigen können. Oft zerstreitet man sich aber eher an solchen Fragen, denn: Ideologen wollen einen Ansatz, von dem sie überzeugt sind, nicht aufgeben oder abschwächen. Konservative hingegen wollen möglichst wenige tiefgehende Änderungen. Gerade im Wahlkampf mag niemand so recht seine Position aufgeben.

Ein bequemer Ausweg wäre natürlich, zu sagen: Dann sollen halt die Idealisten regieren, allein. Aber wer so denkt, denkt zu kurz: Denn Ideale haben nicht nur die Linken, sondern auch die Ideologen am rechten Rand. Zudem lässt sich nicht von der Hand weisen, dass die Bevölkerung größtenteils nicht auf

Seiten der wie auch immer gearteten Ideologen steht. Dementsprechend – und das gehört übrigens zu unseren realpolitischen
Gegebenheiten – haben wir es in unserer Demokratie auch mit
einem Mix aus linken, grünen und rechten ideologischen Parteien zu tun sowie der sozialliberal-konservativen Mitte.

Die Bundestagswahl 2021 hat erneut gezeigt: Fast die Hälfte
der Bevölkerung lässt sich grob auf die Liberalen, Konservativen und Rechten verteilen, die andere Hälfte besteht aus Linken, Grünen und Sozialdemokraten. Ich muss hier kurz einmal
dazwischen schieben: Die Aufregung nach der Wahl, weshalb
denn so viele junge Menschen die Liberalen gewählt hätten und
einige »immer noch die Union«, ist ein großer Schwachpunkt
der Idealisten. Sie machen sich die Demokratie nicht zu eigen,
sondern setzen in jenem Moment vermeintlich allgemeingül-
tige Standards. Sie labeln damit alle anderen politischen Meinungen als irgendetwas Verwerfliches. Die für sie rational beste und plausibelste Lösung wird gleichgesetzt mit dem einzig
richtigen Weg für die Gesellschaft. Linke machen dies aus dem
Impuls des Allgemeinwohls, Rechte aus Sicht ihrer feindlichen,
rassistischen Weltauffassung. Natürlich denken auch Konservative, ihre Meinung sei richtig, aber oft beziehen sie sich dabei
explizit auf Vorteile für ihre Klientel. Vor allem sind Konservative zufrieden mit dem Status quo und verspüren wenig Druck,
immense Veränderungen voranzutreiben. Dass sie oft Teil der
Regierung sind, spricht für sich. Sie sind also auch nicht in der
Pflicht, Mehrheiten für kontroverse oder drastische (das meine
ich ganz wertfrei) Veränderungen zu finden. Die Aufgabe der
Progressiven lautet also meist: (realpolitische) Mehrheiten finden. Dieser Aufprall idealistischer Meinungen auf konservative
Mehrheiten führt meistens zu polemischen Debatten, die eher
die verbale Eliminierung des politischen Gegners zum Ziel haben als die Überzeugung des anderen.

Zu welcher Stagnation ideologisch gesinnte Polemik führen kann, zeigt sich, wenn Idealisten auf die »Verantwortlichen« treffen – also jene, die de facto eine höhere Deutungshoheit besitzen. Ein wichtiger Faktor dabei ist auch die Herkunft der ideologischen Überzeugungen und der eingeschränkte Wille zum Kompromiss, weil man den Kompromiss in vielen Fällen als nahezu ähnlich unbefriedigend bewertet wie einen völligen Abbruch der Bemühungen, eine politische Maßnahme zu lancieren. Das macht die Erarbeitung eines politischen Kompromisses so schwer.

Die Idealisten sind von den Stagnierenden und Konservativen abhängig und ihnen gegenüber in der Bringschuld. Was viele allerdings noch nicht begriffen haben: Konservatismus ist nicht »überwindbar« oder aus der Mitte wegzudenken, die Wahlergebnisse sprechen da für sich. Man muss diese Menschen also zum Teil seiner eigenen Politik machen. Und kommen Sie schon: Es ist für viele Idealisten auch ein schönes Privileg, sich als Hüter wahrer Überzeugungen über die Konservativen zu echauffieren. Ist man wirklich daran interessiert, Missstände im Namen von Minderheiten oder Klassen aufzuarbeiten, sollte man sich vergegenwärtigen, wie kontraproduktiv Polarisierungen und Anschuldigungen sind. Denn die Zeit, die bei solchen ergebnislosen Wortgefechten verrinnt, hat die Arbeiterklasse oft nicht. Diejenigen, die in der Öffentlichkeit ihren Idealismus nach außen kommunizieren dürfen, sollten sich bewusst sein, dass rein verbale Kämpfe den Unterpriviligierten zunächst nicht viel bringen. Das ändert sich erst dann, wenn sich nach dem Echauffieren eine große Masse hinter die Idee stellt und Realisten dieses Thema gemeinsam mit den Ideologen, die bereit sind, Kompromisse auszuhandeln, auf den Tisch bringen. Nehmen wir das Beispiel günstiger Wohnungen: Auf die Äußerung der eigenen Unzufriedenheit (»Wie macht man wohnen günstiger, und ist das Recht auf Wohnraum nicht gar ein Menschenrecht?«) folgt dann die wichtige Frage: Welche Ergebnisse lassen sich basierend auf Kompromissen möglichst rasch erzielen? Kennen Sie das, wenn Sie in Ihrer eigenen Blase leben und in einem ungünstigen Moment daran erinnert werden, dass es auch andere Menschen in anderen Blasen gibt? Wenn ja, könnte es Ihnen missfallen, sich auf einen Kompromiss zu einigen. Aber wir könnten bei vielen Dingen einfach schon so viel weiter sein.

Man kann an der Debatte um die Maßnahmen zur Eindämmung des Klimawandels gut sehen, wozu ideologisch getragene Meinungen auch führen: Irgendwann werden Sachverhalte so vereinfacht, die Parteien in gut und böse, richtig und falsch eingeteilt, als gäbe es keinen Zwischenraum mehr, nur noch Wut und Hass auf beiden Seiten. Da ist es auch kein Wunder, dass unter den Älteren das Narrativ einer ideologisierten, dummen Jugend kursiert. Nur stellen sich die Alten mit dieser Verallgemeinerung nicht selbst ein Bein. Zum einen sind sie in der Mehrzahl. Zum anderen haben sie ihre Pfründe zum Großteil gesichert, auch mit Blick auf die Endlichkeit. Dass junge Menschen dumm und realitätsfremd sind, weil sie alles einem Ziel, einer Ideologie unterordnen, ist kollektiv gesehen natürlich Quatsch. Dass sie hingegen nicht gerade clever agieren, liegt hingegen auf der Hand. Es stellt sich wirklich die Frage: Wenn ich doch weiß, dass die Politik sich nicht ändert, wegen »der Alten« da oben, wieso sollte ich genau jenen auf den Schlips treten? Ist ja nicht so, als würde sich dadurch ein radikaler Wandel der Deutungshoheit anbahnen.

Unser Miteinander hat sich in der letzten Zeit prinzipiell eher verschlechtert, wie Jagoda Marinić schon 2020 in der *Süddeutschen Zeitung* erläuterte:

»Die deutsche Verachtung für Meinungsunterschiede hat sich

in der Pandemie nur verschärft. Schon kleinste Differenzen reichen aus, um Gespräche oder Kontakt abzubrechen, und zwar im gesamten politischen Spektrum.«[35]

Dieses Verhalten kann uns nicht zum Ziel führen. Solange die Mehrheit sich hinter (und das ist durchaus als Anordnung zu verstehen) der Mitte vereint, sitzt diese am längeren Hebel, ob einem das missfällt, ist irrelevant. Spoiler: Es gibt viel mehr Mitte, als man glaubt. Auch das ist realpolitische Wahrheit. Und: Es geht hier um Kompromisse, nicht um Konsens, den gibt es in Demokratien nun mal flächendeckend nicht.

↓

WARUM DIE REVOLUTION NICHT KOMMEN WIRD

»Linksregierungen sind für ihre Anhänger fast immer enttäuschend.« *George Orwell*

Jede politische Meinung, die die Demokratie nicht missachtet, ist prinzipiell akzeptabel. Jede politische Meinung, die die Demokratie nicht missachtet, ist prinzipiell erst einmal zu respektieren. Das klingt durchaus wie eine liberale Floskel, aber es ist mir wichtig, das einmal ganz deutlich zu machen. Denn das gesellschaftliche Klima heutzutage lässt uns diese Grundsätze mitunter scheinbar vergessen.

Mit akzeptablen Meinungen sind hier folglich auch ganz explizit linke Ansichten gemeint. Ich bin keineswegs ein Freund der Hufeisentheorie, wonach sich an den beiden Enden die extreme Linke und die extreme Rechte sozusagen treffen und folglich beides gleich schlimm ist. Ein durchaus kontroverses Thema, ich weiß. Um meine Meinung dazu kurzzuhalten: Die langfristigen Ziele, das Wohl aller zu mehren auf der einen Seite, und die systematische Ausgrenzung von Marginalisierten auf der anderen Seite, lassen sich meiner Meinung nach nicht gut vergleichen. Man kann durchaus der linken Politik abgeneigt sein und den Linksextremismus verachten, doch die politische Linke ist keinesfalls mit einer AfD zu vergleichen. Abschließend möchte ich dazu den Politologen Robert Feustel zitieren. Die Linke, sagt er, habe nichts Vergleichbares (wie die Rechte) anzubieten, auch nicht jene, die als extrem betitelt werde. »Sie will den Kapitalismus überwinden, weiß aber nicht wie. Und sie wendet sich gegen jede Form der Ausgrenzung. Während die einen also Menschen fortschaffen und sterben lassen wollen, treten die anderen gerade dagegen an.«[36]

Folglich mag ich über die Rechtsextremen, die Menschen pauschal in »Rasse« unterteilen und so mit gut und schlecht bewerten, gar nicht sprechen, über die Linken aber schon.

Linke, als politische Instanz, haben ein Problem. Der Titel dieses Kapitels spricht bereits für sich. Die Revolution, sei sie in einem kommunistischen Sinne gemeint oder auch auf in Bezug auf eine totalitäre Klimapolitik, wird nicht kommen. Mit dieser realpolitischen Wahrheit muss man sich endlich anfreunden und sie genau als solche anerkennen. Die Abschaffung des Kapitalismus ist nicht nahe, auch unter einer Ampelkoalition nicht – mögen sich das manche Jusos oder Mitglieder der Grünen Jugend auch durchaus wünschen. Im Prinzip könnten sich praktisch alle Parteien des politischen Spektrums außer den Liberalen und den Konservativen darauf einigen, dass der Kapitalismus »überwunden« werden muss. Auch die Rechten wären dem nicht abgeneigt. Deswegen ist diese Forderung auch keine politisch gefärbte, keine linke Forderung. Sondern prinzipiell eine idealistische Forderung. Man geht hier einfach davon aus, dass ein Staat ohne Kapitalismus besser dran wäre. Das heißt ja nicht per se, dass wir fortan im Kommunismus leben müssten oder gar, wie es der CDU-Generalsekretär Paul Ziemiak gern ausdrückt, in der »DDR 2.0«. Corona-Leugner werfen der CDU gern die Merkel-Diktatur vor, jeder hat hier so seine eigene Wahrheit. Aber die einzig sichere wird wohl sein, dass der Kapitalismus auch nächstes Jahr noch existieren wird. Und in naher, gar ferner Zukunft ebenso. Der absolute Umschwung wird nicht kommen – mit Blick auf das Vorhaben der Ampel, die sozial-ökologische Marktwirtschaft auszubauen, lässt sich das final besiegeln. Sie verstehen, worauf ich hinaus will.

Diese Erkenntnis ist wichtig. Versteht man nicht, dass sich manche Dinge mit hoher Wahrscheinlichkeit nicht ändern, verheddert man sich in seinen Forderungen. Die Theorien, wie wir ohne Kapitalismus besser leben könnten, haben ihre Berechtigung, sie sind Teil des Diskurses und unserer Gesellschaft, doch letztlich ist das ganz einfach keine Option. In gewissen Milieus hat man vielleicht das Gefühl, die Revolution stehe kurz bevor, aber Tatsache ist: Die Deutschen stören sich nicht am Kapitalismus. Und zwar mit überwältigender Mehrheit. Geht man an dieser Wahrheit vorbei, stellt man sich genauso ins Abseits wie Menschen, die meinen, das Grundgesetz würde nicht existieren.

»Wir können durchaus den Kapitalismus überwinden.«
»Mit wem? Den Grünen vielleicht? Oder Christian Lindner, als anarchischem Finanzminister?«
»Naja, aber wenn man immer davon ausgeht, dass etwas nicht geht, wird sich politisch niemals etwas ändern.«
»Also, die Abschaffung des Kapitalismus ist ja nicht die Verhinderung der Rodung des Hambacher Forstes. Eines von beiden ist realistischer als das andere.«
»Es gibt durchaus Ökonomen, die eine realistische Möglichkeit der Abschaffung des Kapitalismus sehen.«
»Und die sitzen in den beratenden Gremien der Bundesregierung, und Olaf Scholz hat sich zu diesem Ziel bekannt?«
»Wenn man so antriebslos ist wie du, hat man ja schon aufgegeben. Wieso dann überhaupt irgendetwas machen?«
»Oder man kämpft sich eben nicht an Idealen ab.«
»Man sollte aber auch nicht diejenigen schwächen, die diese Ideale haben.«
»Nein, aber jeder kämpft doch für die Vision, die er gern umgesetzt sehen würde, oder?«

»Würden alle Leute wie du dieses Pessimistische ablegen, dann
wären wir die Mehrheit. Es ist doch fast ignorant, diesen Gedanken nicht weiterdenken zu wollen.«
»Ich glaube nicht, dass die absolute Mehrheit den Kapitalismus
überwinden möchte.«
»Aber man könnte es doch versuchen, es geht auch um dich.
Nein, das Subjekt ist nie der Grund.«

Ich glaube, was man unbedingt bei der Auseinandersetzung mit
politischen Themen beachten sollte, ist das Vorhandensein und
Privileg eines diversen Austausches. Das klingt für Sie vielleicht
wie ein peinlicher Eintrag bei LinkedIn, der die offene Firmen-
kultur eines Start-ups lobt, aber so ist das nicht gemeint. Man
bleibt politisch und inhaltlich stehen, wenn man sich stets selbst
zur eigenen Denkblase gratuliert. Und das passiert jedem, mindestens ab und an. Ihnen wie mir. Manchmal frisst man sich so
sehr in die eigene Überzeugung rein, dass man überhaupt nicht
mehr empfänglich ist für das, was andere sagen und denken. Ich
meine das grundsätzlich. So wie Atomkraftgegner unbeweg-
lich sind, sind das Menschen, denen das Klima egal ist, bei der
Braunkohle auch.

Oder Menschen, die gegen das Fliegen demonstrieren. Die
sind meine Liebsten. Ich bin keineswegs unbelehrbar. Man
kann natürlich auch darüber streiten, ob subjektive Schuld für
den Klimawandel, besonders in der Mittelschicht, in der Debatte eine Rolle zu spielen hat oder nicht. Wie gesagt, man kann da
seine Meinung haben, aber man muss offen bleiben. Fluggegner
sind das nicht. Ich kann mich sehr gut an die Diskussionen um
Flughafenblockaden erinnern, die unter anderem Fridays for
Future veranstaltet hat. Also Aktivisten, die den Flugverkehr
von Flughäfen und den Zugang dementsprechend blockieren.
Das ist nicht nur subjektives Flugshaming, also der Vorwurf an

den Einzelnen, wie klimaschädlich das eigene Tun gerade ist, sondern verkennt auch eklatant jeden Ansatz eines sogenannten intersektionalen Klimakampfs.

Kurzer Diskurs: »Intersektional« bedeutet zunächst die Überschneidung und Gleichzeitigkeit von verschiedenen Diskriminierungskategorien gegenüber einer Person. Im Umkehrschluss bedeutet das, dass man eine Diskriminierung verstehen kann, ohne eine (oder mehrere) weitere miteinzubeziehen. In Bezug auf die Klimakrise heißt das, so beschreibt es die *taz* ganz schön: »Die Klimabewegung muss Antirassismus, Queerfeminismus und Klassenperspektiven mitdenken. Noch tut sie das nicht genug.«[37]

In dem Moment, in dem ich mich an einen Flughafen setze, an dem internationale Flüge landen und abheben, sich Menschen aus allen Ländern und aller Einkommensstufen tummeln, tue ich halt nicht nur den »weißen Anzugträgern« weh, die ihr Meeting in München-Grünwald verpassen, sondern auch Menschen, die vielleicht gerade an diesem Tag zu ihren weit entfernt lebenden Familien unterwegs sind. Menschen, die ihren hart ersparten Familienurlaub antreten wollen. Diese Kollateralschäden braucht man mit Blick auf die individuelle Freiheit nicht unbedingt – vor allem, weil der Ansatz ein recht privilegierter ist. Vor allem erreiche ich mit diesen Aktionen nicht mein langfristiges Ziel: eine allgemeine Stimmung gegen das Fliegen.

Manche Aktivisten gehen in ihrem Aktivismus noch weiter – sie erpressen direkt mit ihrer Person. Dieser Weg führt nicht nur an allen demokratischen Institutionen vorbei, man erhebt sich damit bewusst über alle anderen, hält alle anderen für dumm und setzt das eigene Leben aufs Spiel.

Kurz vor der Bundestagswahl campieren vor dem Kanzleramt junge Menschen. Sie sind im Hungerstreik, für das Klima. Hungerstreik, das ist eigentlich vor allem etwas, das wir aus den internationalen Nachrichten kennen; denken wir an die Türkei, in der Inhaftierte gegen die Autokratie in den Hungerstreik treten, wie die Anwältin Ebru Timtik, die nach insgesamt 238 Tagen Hungerstreik in einem Haftkrankenhaus gestorben ist. Also als letztes Mittel in nicht demokratischen Staaten, um politisch etwas zu bewirken. Letztlich auch als einzige mögliche Form, wenn sich politische Umstände nicht beeinflussen lassen und als einziger Weg bleibt, internationalen Druck auf die eigene Regierung zu mobilisieren.

Hungerstreik ist nun aber auch in Deutschland Teil des Klimaprotests. Das Ziel: der Klimanotstand. Kurzfristig will man die Verantwortlichen in der Politik zum Reden bringen, zum Handeln. Ganze 27 Tage verzichten die Aktivisten auf Essen, zum Schluss teilweise auch aufs Trinken. Am Ende mussten einige sogar medizinisch behandelt werden. Für ein Gespräch mit den Kanzlerkandidaten Scholz, Baerbock und Laschet über das Klima. Beendet wurde alles, als Olaf Scholz auf einige Forderungen in abgeschwächter Form einging – er versprach ein Gespräch in den darauffolgenden Wochen.

Stellen wir uns vor, alle drei Kandidaten hätten nach kürzester Zeit eingewilligt, mit den Hungernden zu sprechen, hätten gar versprochen, den Klimanotstand in der nächsten Regierung auszurufen. Dann würde, so hat es Jesko zu Dohna in der *Berliner Zeitung* schön überspitzt, Folgendes passieren: »Alle Kohle-, Gas- und Atomkraftwerke würden auf einen Schlag abgestellt, Tankstellen dürften keinen Treibstoff mehr ausgeben, alle Autos mit Verbrennungsmotor wären auf einen Schlag verboten, konventionell erzeugte landwirtschaftliche Produkte dürften weder importiert, gehandelt noch konsumiert werden, die letzten Hektar konventionellen Weizens würden auf den Feldern verdörren, Fleischwurst wäre ab 17 Uhr verboten, Flugzeuge müssten am Boden bleiben, Ölheizungen runtergedreht werden, Polizisten und Sanitäter dürften nur noch auf Fahrrädern unterwegs sein, Server und Bitcoinfarming (echt viel Energieverbrauch!) müssten spätestens um 11 Uhr abgeschaltet werden und so weiter und so fort.«[38]

Den Minimalerfolg, ein Gespräch erzwungen zu haben, feierten die Aktivisten durchaus, etwa auf Twitter. Es hätte sich gezeigt, dass diese Art von Protest durchaus Erfolg habe. Wäre das der Fall, hätte dies eine äußerst unschöne Konsequenz für unsere Demokratie. Wenn es legitim ist, ein solches Instrument in einer funktionierenden Demokratie zu nutzen, dann ist es nicht zu weit hergeholt, zu fragen, wer als Nächstes welche Forderung stellen würde. Nazis, die die sofortige Abschiebung aller Migranten fordern, Schießbefehle an den Grenzen? Natürlich würden nur jene Forderungen medial einen Platz bekommen, die extrem sind. Oder haben Sie jemals von Steffen Helbing gehört, dem Landesvorsitzenden des Gehörlosenverbandes Brandenburg? Er befand sich ebenfalls im Oktober 2021 rund zwei Wochen im Hungerstreik, für mehr Teilhabe von tauben Menschen in Politik, Gesellschaft und Kultur. Die Forderung des 51-Jährigen, und da musste ich ehrlich gesagt über meine eigene Ignoranz staunen: ein Recht auf Gebärdendolmetscher, überall. Um es mit der Polemik von Jesko zu Dohna zu sagen: »Für die Rettung der Erde – das sagt auch Verkehrsminister Andreas Scheuer nach der Sitzung des Kabinetts vor dem unter Notbeleuchtung zart funkelnden Paul-Löbe-Haus im Interview gegenüber Reportern von *Hallo Niedersachsen* (die mit pedalbetriebenem Stromaggregat arbeiten) – müsse eben jetzt ein gewisser Preis bezahlt werden und man könne schließlich bei den wichtigsten Reformen der Menschheit nicht immer nur alles dem Credo der Sozialverträglichkeit unterordnen.«

Dementsprechend müssen wir hier festhalten: Idealismus ist stets Utopie oder Dystopie, und welche Ideen es ins Finale schaffen, entscheiden Medien und die interessierte Mehrheits-gesellschaft.

Das heißt aber vor allem: Idealisten müssen trotz ihrer jeweiligen politischen Herzenswünsche davon ausgehen, dass bestimmte extreme politische Szenarien nicht eintreffen werden. Zumindest nicht in naher Zukunft. Ich kann die politische Realität in dreißig Jahren nicht vorhersehen, aber ich würde mich trotzdem dafür verbürgen, dass die wortwörtliche Revolution in jenem Maße, wie die Ideologen es sich wünschen, auch 2052 nicht eintreffen wird. Trotzdem verwenden Idealisten manchmal antidemokratische, radikale Mittel, die revolutionistisch sind, um politische Ziele zu erreichen. Eine Art Selbstjustiz, um auszudrücken, wie ernst man das eigene Vorhaben meint, wie im Falle des Klima-Hungerstreiks. Das kann man natürlich machen, die Frage ist nur, mit welchen Ressourcen sich welche Exempel statuieren lassen und ob sich das lohnt, im Kampf. Wie viel Energie verschwendet man in kräftezehrenden Protestaktionen, die am Ende trotzdem wenig Aufmerksamkeit generieren und politisch kaum etwas ändern?

Um auf George Orwell zurückzukommen: Ich gebe zu, es ist definitiv nicht leicht, linke Politik zu vertreten, sie weitsichtig als umsetzbar zu verkaufen. Man wird eigentlich immer enttäuscht, zumindest kurzfristig. Was linke Idealisten in der Bundesrepublik für immer verfolgen wird, ist natürlich die rot-grüne Regierung unter Schröder. Hier wandelte sich durch die Agenda 2010 Sozialpolitik in Neoliberalismus, und die Grünen gaben ihren Pazifismus in außenpolitischen Fragen auf, im Kosovo oder Afghanistan zum Beispiel.

Der Wunsch nach einer rot-rot-grünen Regierung war im letzten Jahr groß, weil man einer solchen Koalition radikale Entscheidungen zutraute. Ob das wirklich geklappt hätte? Ich glaube, was die politische Durchsetzungsfähigkeit angeht, sind individuelle Figuren ein großer Faktor. Auch der richtige Politiker in der Union kann Sozialpolitik machen, die allen zugutekommt. Und ernsthaft: Sagen wir, unter einer Kanzlerin Baerbock, mit einem Finanz- oder Wirtschaftsminister Scholz, wo wäre denn da die linke Revolution geblieben? Was außer einem frühen Ausstieg aus der Kohle und effektiverer Subventionierung von Klimapolitik hätte man schon aushandeln können? Nicht zu vergessen die inhaltlich und interparteilich stark angeschlagene Linke. Da mag ich gar nicht auf der NATO-Frage herumhacken, sondern eher allgemein, welche Linke sich Janine Wissler und Sahra Wagenknecht eigentlich wünschen? Am Ende bleibt die Frage: Wie macht man Revolution? Aber vor allem: mit wem?

Blicken wir auf die Klimaaktivisten, dann stellt sich doch auch die Frage: War da, vor allem in der letzten Legislaturperiode, nicht auch Kapazität für realpolitisches Kompromissdenken? Zum Beispiel mit dem Verkehrsministerium, dem fast ununterbrochen pure Wut aus der grünen Ecke entgegenschlug. In erster Linie allein deshalb, weil es CSU-geführt war. Welche Ergebnisse hätten konstruktive Gespräche haben können, wenn nicht von vornherein Verachtung auf der Tagesordnung gestanden hätte? Denn die Zeit drängt ja. Vier Jahre sind nun verloren. Bei aller Blockade – dass Andreas Scheuer bis 2021 Verkehrsminister bleiben würde, müsste jedem klar gewesen sein. Ganz sachlich gesagt.

Es braucht durchaus Idealisten, die Impulse in die Gesellschaft tragen. Das ist keine Frage. Aber dann muss mit diesen Ideen auch gearbeitet werden (dürfen). Dominiert bei den Idealisten die Borniertheit, stagnieren alle. Zu allem Überfluss wird dann noch ewig in allen Medien über ebendiese Borniertheit debattiert, sich echauffiert. Ein Weiterdenken findet nicht statt.

Auch Idealismus braucht Struktur. Zwischen Klimaaktivisten und der RAF liegt dann doch einiges.

↓

DAS FÜNFTE KAPITEL

WIR GEHÖREN
ALLE GECANCELT

»You know you have some self-work to do when ›wokeness‹ becomes more about catching others out, than it does helping them improve their world view. This ain't a competition. It's a process.
Cancelling someone won't help them grow. Humiliating someone won't help them be better.«

Munroe Bergdorf [39]

Twitter ist ein Blasen- und Nischenmedium, das hauptsächlich von lautstarken Akademikern besiedelt wird. Oder von lautstarken Nazis. Jegliche Referenz darauf mag zunächst unseriös klingen, von einem Medium, auf dem man sich mit Vorliebe über die Verspätung der Deutschen Bahn echauffiert. Aber diese Plattform ist durchaus auch eine Möglichkeit, um sich Gehör zu verschaffen, vor allem für Minderheiten. Katharina Herrmann twitterte Ende Oktober 2021 dazu sehr passend:

»Leute aus den klassischen Medien finden Social Media blöd, weil da jetzt eine Instanz ist, die nun das tut, was bisher den klassischen Medien vorbehalten war: Meinungen vertreten. So viel Dialog wollte man dann doch nicht, Dialog mit dem Publikum dachte man sich eher sokratisch. […] Es gibt tolle und nicht so tolle Texte hier wie da. Und jede*r schreibt halt auch mal tolle und nicht so tolle Texte.«[40]

Twitter hat definitiv eine Bühne bereitgestellt für Menschen, deren Meinungen man vorher auch durchaus explizit nicht hören wollte. Auf Twitter treffen Idealisten und Realisten aufeinander. Die Konstellation, ob Journalist, Autor, Aktivist oder Politiker, variiert dabei. Wie auf Instagram im Übrigen auch. Wichtige Aktivistinnen, die rassismuskritische Arbeit leisten, wie etwa Tupoka Ogette oder Wopana Mudimu, konnten erst über diese Medien eine so enorme Reichweite generieren und so viele Zuhörer erreichen – und wurden so letztlich unentbehrlich für viele gesamtgesellschaftliche Diskurse.

Bei Twitter und Instagram ist es durchaus wichtig, zu unterscheiden zwischen Leuten, die bildungspolitische Arbeit leisten, und jenen, die das als Lifestyle leben. Und dann gibt es jene, die den Diskurs durch das Anstoßen neuer Debatten erweitern wollen. Die seriöse Etablierung dieser Fakten ist wichtig. Das sind historische Dinge immer, hier geht es nicht wie etwa beim Gendern darum, was denn nun Ihnen oder mir lieber ist. Sondern um (neue) Fakten, die vielleicht nicht ganz so geläufig sind. Die uns dabei helfen, dazuzulernen und neue Perspektiven einnehmen zu können. Zum Beispiel Wörter, die man vielleicht nicht mehr sagen sollte, außer man möchte sich aktiv an rassistischer Diskriminierung beteiligen. Das ist ein Lernprozess, der an viele Faktoren wie Bildung und Privilegien geknüpft ist.

Manchmal vergessen einige, dass es sich hier um das Internet handelt und viele auch einfach Müll twittern. Man selbst auch. Man sollte nicht den Fehler machen, Twitter als Spiegel der Gesellschaft zu sehen, gerade im deutschsprachigen Raum. Besonders lustig ist es immer dann, wenn sich nahezu alle bei Twitter einig sind über eine politische Sachlage, die Reaktionen da draußen (beispielsweise in Form von Wahlergebnissen) dann aber etwas völlig anderes offenbaren.

Um auf mein geliebtes Beispiel der Atomkraft zurückzukommen: Während auf Twitter recht hämisch darüber geschrieben wird, dass es Stimmen gibt, die den Ausstieg infrage stellen, scheint die Öffentlichkeit gar kein so großes Problem mit einem Revival der Atomkraft zu haben. Die *Welt am Sonntag* berichtete Ende Oktober 2021, dass jeder zweite Deutsche dafür sei, dass die Atomkraftwerke weiterlaufen. Der Bau neuer Meiler finde mehr als 40 Prozent Zustimmung.[41] Der Grünen-Politiker Konstantin von Notz entgegnete daraufhin, dass ihn interessieren würde, ob man auch dafür sei, wenn ein Atommüllendlager in seinem eigenen Wahlkreis stationiert werden würde. Einen Punkt hat er damit definitiv, jetzt wäre die große Frage, wie viele Deutsche ein Problem mit Endlagern per se haben. Aber solche Aspekte der Debatte etwa können auf Twitter nicht so abgebildet werden, wie sie im echten Leben stattfinden.

Ist gut, ich höre auf, über Endlager und Atomkraft zu schreiben, Sie werden Ihre Meinung eh schon haben. Wir halten jedoch fest: Es ist ein komplexes Thema, ebenso wie viele andere Themen auch. Und: Twitter ist nicht Deutschland.

Das aber scheint noch nicht überall angekommen zu sein. Oder anders gesagt: Es kommt vor, dass sich die Twitter-Elite in ihrer eigenen Diskurshoheit sonnt, und von allen anderen da draußen erwartet, dass sie informiert sind und es folglich ebenso sehen. Suche nach Mehrheiten, Austausch? Gibt es kaum. Stattdessen wird zwischendurch lieber gecancelt. Die Plattform dictionary beschreibt das Phänomen Canceln wie folgt: »Canceln impliziert, dass man öffentlichen Figuren die Unterstützung entzieht, nachdem sie etwas Offensives, Feindliches, Rassistisches oder z. B. Antisemitisches gesagt haben. Es findet in erster Linie online statt.«

So auch in diesem Falle. Ich erinnere mich, es muss 2020 oder 2019 gewesen sein, als ich Twitter öffnete, das bestimmt fünfte Mal an jenem Tag. Es war eine heiße Diskussion im Gange. Zunächst aber hatte ich Schwierigkeiten zuzuordnen, wer was meint und worum es überhaupt geht. Ausgebrochen war der Streit, weil jemand die Community darüber informiert hatte, dass es ein Volk gibt, das sich »Kanaken« nennt. Das sind melanesische Ureinwohner in Neukaledonien, einer Inselgruppe im Südpazifik, die zu Frankreich gehört. Dort machen die Kanaken fast die Hälfte der Einwohner aus. *Kanaka maoli* ist übrigens auch die hawaiianische Bezeichnung für »Mensch«.

Nun gilt der Begriff »Kanake« hier bei uns als eine rassistische Bezeichnung, die vor allem genutzt wird, um beleidigend eine Menschengruppe zusammenzufassen, die ebenso gerne abfällig als »südländisch« bezeichnet wird – also Menschen, die beispielsweise türkische oder arabische Wurzeln haben. Ich kenne den Begriff auf zwei Ebenen. Und das ist in diesem Kontext besonders wichtig: zunächst als rassistische Beleidigung, mit der ich vor allem als Kind Erfahrung machen musste, geäußert gegenüber meinem Vater – auf der Straße, in Restaurants. In meiner Jugend wurde es dann jedoch eher als Selbstbezeichnung zum Selbstläufer. Ich war auf einem Gymnasium, an dem man Menschen mit »sichtbarer« Marginalisierung, also etwa Schwarze oder arabische Kinder, eher selten gesehen hat. Die wenigen, die wir waren, nutzten »Kanake« als ironische Selbstbezeichnung, um es gar nicht erst zu rassistischen Beleidigungen kommen zu lassen. Nach der Silvesternacht 2015/2016 versuchten wir das Gleiche auch mit dem Begriff »Nafri« – wohl wissend, dass die Polizei unsere Väter so nannte, war das die einzige verbale Waffe, die wir hatten, um uns gegen das Stigma zu wehren. Denn nach dem großen allgemeinen Entsetzen, wie schlimm diese Betitelung der Polizei sei, kam nicht mehr viel. Den Zugang zu rassismuskritischer Arbeit hatten wir nicht, was Rassismus genau ist, konnte ich mit 14 auch nicht so benennen. Einige Mitschüler waren durchaus geneigt, es das ein oder andere Mal zu versuchen. Auch wenn die Selbstbezeichnung als »Kanaken« im Nachhinein vielleicht als Moment eines »Self-Empowerment« gewertet werden kann: Wir kategorisierten uns damit trotzdem in den Augen mancher als minderwertiger, weil wir uns ja selbst als Kanaken bezeichneten, und Kanaken nun mal nichts Tolles sein konnten.

Das zu meinem persönlichen Hintergrund. Nun aber las ich auf Twitter, dass es rassistisch sei, wenn deutsche »Kanaken«

dieses Wort als Selbstbezeichnung verwenden, da es das Volk der Kanaken wirklich gebe und wir uns dementsprechend ja auch gleichzeitig über jene mokieren würden, wenn wir es als selbstironische Bezeichnung verwenden würden. Das würde beim N-Wort schließlich ebenso gelten: Bist du nicht Schwarz, benutzt du das Wort nicht.

Zunächst finde ich es mehr als schwierig, Rassismen miteinander zu vergleichen oder auf eine Ebene zu stellen. Wer soll denn da die Deutungshoheit haben, was erlaubt ist und was nicht? Zweitens gibt es bei beiden Worten eine offensichtliche Unterscheidung, vor allem mit Blick darauf, dass die beleidigende Bedeutung von Kanake nur in Deutschland ein Thema ist. Darüber hinaus weiß praktisch niemand, dass es überhaupt ein Volk der Kanaken gibt. Daher kann das Wort gar nicht dementsprechend rassistisch aufgeladen sein, wie es bei rassistischen Wörtern der Fall ist, die zum Beispiel verwendet werden, um Schwarze oder Sinti und Roma zu bezeichnen. Sowohl der Rassist, der auf der Straße einen für ihn augenscheinlichen Araber rassistisch mit dem Wort Kanake beleidigt oder wir Kanaken selbst, die diese Selbstbezeichnung verwenden, um das Wort rassistisch zu entkräften, benutzen es nicht, um das Volk der Kanaken rassistisch zu beleidigen. Trotzdem ist die Kritik, dass man den Begriff nicht achtlos verwenden sollte, berechtigt. Denn das Volk der Kanaken existiert nun mal.

Zwei Tage nachdem ich auf Twitter von dieser Debatte erfuhr, erzählte mir mein Bruder beiläufig: »Ich wurde heute von einer Frau als Kanake bezeichnet, völlig random, ich war einfach auf der Straße, gespuckt hat sie auch noch. Hab aber nichts gesagt, sonst wäre sie wahrscheinlich noch wütender geworden.«

Mal im Ernst: Hätte ich meinem Bruder sagen sollen, dass er das einfach als ethnische Verwechslung werten soll, da die Frau sicherlich nicht wusste, dass er nicht dem Volk der Kanaken zugehörig ist und dementsprechend die Beleidigung als eine Art Kompliment bewerten soll? Okay, das ist etwas zynisch. Dieser Gedankengang ist nicht nur realitätsfern, er ist auch vor allem jenen vorbehalten, die Teil dieser akademischen Debatte sind. Allein die Komplexität des Ganzen zu verstehen, setzt immense Kenntnis von rassismuskritischem Wissen voraus, lebhafte Anteilnahme an solchen Debatten, besonders im Internet, und vor allem die Kapazität, all dieses Wissen in das eigene Umfeld zu schießen.

Soll man jetzt den eigenen Bruder canceln? Nicht, dass wir nicht auch darüber gesprochen hätten. Aber was soll man als 14-Jähriger denn mit dieser Information anfangen? Vor allem, wenn man jetzt nicht aufs Gymnasium geht oder auf die Gesamtschule, sondern noch ferner von solchen akademischen Plätzen das normale Leben lebt?

Wurde die Bezeichnung Kanake durchaus auch durch den Deutschrap überall als Aneignung etabliert, um sie rassistisch zu entkräften, stellt sich doch ernsthaft die Frage, wie man einen solchen Begriff, klassenübergreifend, neu konnotiert und in diesem Falle mit der Geschichte des kanakischen Volkes verbindet. Dann würde, ja, das stimmt, die nächste wichtige Kette in Gang gesetzt werden. Beginnend mit dem Bildungssystem: Welches Wissen geben wir Kindern überhaupt mit, ist es eurozentristisch, zu westlich? Alles wichtige Diskurse, die viel zu spät geführt werden. Aber auch hier gilt: Realpolitisch wird die generelle Überarbeitung des Systems nicht in naher Zukunft stattfinden. Es hilft folglich gar nichts, jemanden zu canceln, der sich selbst als Kanake bezeichnet.

Aber langfristig haben diese Debatten eben doch Effekte, nur eben nicht so schnell und allgegenwärtig, wie es sich manche wünschen. Die Debatte rund um das Wort Kanake und ob man es nun wirklich als Selbstbezeichnung verwenden muss, wenn man doch um die ethnischen Kanaken weiß, ist berechtigt. Das Rassismusproblem wird sich dadurch aber nicht lösen. Die Struktur dieser Art von Rassismus ist in seiner Klarheit den akademischen Schichten vorbehalten, danach muss es Schritt für Schritt gehen. Die Lösung wäre doch zunächst die entschiedene rassistische Entkräftung dieses Wortes, der Prozess, dieses Wort im deutschen Kontext unbekannt zu machen. Erst dann ist eine anders konnotierte Wiederbelebung möglich. Erst dann lässt sich allen vermitteln: Dieses Wort bezeichnet ein existierendes Volk.

Ein weiteres Beispiel, das zeigt, dass die langfristige Bearbeitung bestimmter Begriffe, die rassistisch konnotiert sind, irgendwann innerhalb der Bevölkerung ankommen, ist mir mal während des Hörens einer Podcastfolge von *Lanz & Precht* aufgefallen. Die beiden sprachen über Sprache und das Diskursklima und über rassistische Bezeichnungen wie das I-Wort für Native Americans oder das E-Wort für indigene Völker im nördlichen Polargebiet. Das Gespräch fokussierte sich vor allem darauf, dass Wörter, sollten sich die so bezeichneten Menschen davon verletzt fühlen, logischerweise nicht mehr benutzt werden sollten. Zumindest, wenn man als Sprecher ein Bedürfnis nach gegenseitigem Respekt hegt. Oder vielleicht auch den Anspruch, keinesfalls ein Rassist sein zu wollen.

Ich denke, darauf kann man sich prinzipiell einigen: Wenn sich Minderheiten und Marginalisierte von einem Begriff rassistisch beleidigt sehen, dann benutzt man das Wort eben nicht. Und bevor jetzt die Kartoffel-Rassismus-Frage aufkommt: Hier sollten wir an Kolonialismus und Machtverhältnisse denken. Ich kann mich zumindest nicht an Jahrzehnte der Ausbeutung von deutschen »Kartoffeln« erinnern, die unter unmenschlichen Bedingungen zur Arbeit gezwungen wurden. Man darf Kartoffel als Bezeichnung für einen Deutschen durchaus ablehnen und beleidigend finden – rassistisch geprägt im Sinne einer Rassenideologie und jahrzehnte- oder gar jahrhundertelangen Diskriminierung ist er aber keineswegs.

Es gibt viele solcher Fälle, in denen durchaus als klug zu bewertende Ansichten auf eine Weise in eine Debatte reingetragen werden, die diese sofort explodieren lassen. Können Sie sich noch an die Debatte rund um die Rassismusstudie der Polizei erinnern, also die Forderung, dass Horst Seehofer doch bitte untersuchen lassen solle, wie rassistisch die Polizei ist? Fahrt hatte das ganze nach einem satirischen Artikel von Hengameh Yaghoobifarah aufgenommen. In dem schwer umstrittenen Text geht Yaghoobifarah dem Gedankenspiel nach, eine Mülldeponie als Arbeitsplatz für Polizisten zu empfehlen.[42] Der Presserat, der von Beschwerden überschüttet wurde, bewertete schlussendlich, dass diese Aussage von der Meinungsfreiheit gedeckt sei. Jetzt lässt sich über diese Art von Satire streiten, meine persönliche Meinung lasse ich an dieser Stelle bewusst weg. Maßgeblicher als das war die Erkenntnis, dass solche Spitzen, trotz oder wegen aller Empörung, nicht dazu geführt haben, dass das Rassismusproblem der Polizei ernsthaft angegangen wurde.

»Naja, damit tust du aber so, als sei Hengameh schuld daran, dass die Studie nicht stattfindet.«

»Nein, ich rede nicht von der individuellen Schuld, sondern von dem Machtgefüge. Den Gedanken, was wäre passiert, wenn dieser Text nach einer Rassismusstudie erschienen wäre oder gar nicht? Nur dieses Wenn. Es geht nicht darum, dem Text die Berechtigung abzusprechen.«

»Dann ist das Machtgefüge halt schlecht – und nicht die Satire, die von der Meinungsfreiheit gedeckt ist.«

»Es geht hier um das reine Gedankenspiel, ob und was sich geändert hätte, wenn der Text nicht erschienen wäre.«

»Damit überlässt man ja denen, die sowieso schon aktiv
Minderheiten unterdrücken, das Ruder. Das ist ja genau der
Punkt.«

»Naja, aber das System ist doch jetzt so, wie es ist. Was wäre
passiert, wenn der Text nicht erschienen wäre, hätte es einen
Fokus gegeben auf diese Studie?«

»Vielleicht hätte niemand darüber gesprochen, weil gar kein
Druck da war.«

»Und was wenn – ich weiß, eye roll – dann weniger Druck bei
den Konservativen gewesen wäre, zu performen, und man
dem ganzen eine Chance gegeben hätte, man dann einfach
diese Studie bekommen hätte? Eine Grundlage für all die wichtigen Aussagen, die Aktivisten seit Jahren treffen?«

»Ja, wenn … Und was wäre, wenn gar nichts gewesen wäre?
Ich sehe deinen Punkt, aber wieso sollten diejenigen, die
marginalisiert sind, auch noch das zugestehen?«

»Mir geht es nur um das Wenn. Hätte man diese Studie gehabt,
wäre dann nicht noch mehr Legitimation da?«

»Glaubst du ernsthaft, das wäre passiert?«

»Es geht nur um das Wenn. Ich weiß, dass diese Satire nicht
der Ausgangspunkt ist und sein sollte. Aber das kollektive Ziel
war doch diese Studie, oder nicht?«

Diese Studie, der satirische Text von Yaghoobifarah, Horst
Seehofer – das sind sehr passende Beispiele für die linke Unterlegenheit. Yaghoobifarah, eh eine Person, die vielfach ange-
feindet wird, brauchte – wegen einer Satire – noch mehr Schutz.
Sie sah sich einer ungeahnten Welle des absolut rassistischen
Hasses ausgesetzt. Von einer Satire auf das Subjekt zu schließen,
ist nicht die feine Art – das rassistische Motiv einiger Kritiker,
besonders auf Twitter, war dementsprechend auch deutlich zu
erkennen.

Ich finde es in einer Demokratie auch höchst fraglich, wie angeknackst das Ego eines Ministers sein muss, wenn er denkt, ein Satiretext eines linken Absenders bedürfe eines solchen Wirbels, also einer offiziellen Anzeige Yaghoobifarahs. Amna Franzke kommentierte dazu mal bei *Zeit Campus*: »Horst Seehofer lenkt ab: Statt einer Studie zu Rassismus in der Polizei plant er eine Studie zu Rassismus in Deutschland. Und stärkt so das Märchen vom Einzelfall.«[43] – Letzterem würde ich sicherlich zustimmen.

Nun unterlagen aber diejenigen, die Yaghoobifarah unterstützten, dem System. Eine Rassismusstudie haben wir bis heute nicht, und man ist auch weiterhin abhängig von den Entscheidungsträgern, damit es irgendwann mal eine gibt. Auch dürfte es in Zukunft nicht gerade einfacher werden, linke Kritik zu äußern. Denn das, was Yaghoobifarah entgegenwehte, muss man erst mal aushalten können, da bedarf es durchaus Kraft, die nicht jeder hat. Solch einen Shitstorm will sich nicht jeder zumuten, um ein Anliegen in die Gesellschaft zu tragen.

Fernab von richtig und falsch bedeutet dieser Gedanke aber erneut: Idealisten, in diesem Falle Linke, sind trotz allem von den »Launen« und Ansichten der Konservativen und Stagnierenden abhängig. Es sollte bei solchen Diskussionen nicht um Schuldfragen gehen. Schuldfragen bringen Debatten oft nur wenig voran, denn je nach Machtverhältnis verhärten sie nur die Fronten.

Was dabei ganz lustig ist: Die Mehrheitsgesellschaft – in unserem Falle die Stagnierenden und Konservativen – echauffiert sich gern darüber, dass man angeblich nichts mehr sagen darf, und dass jeder gleich gecancelt wird. Das ist aber gar nicht das Problem, viel schlimmere Auswirkungen habe die Mauern, die die Idealisten um sich herum aufstellen. Zwischen Meinungsfreiheit und Abcanceln gibt es auch noch Kritik, und darüber sollten wir uns einig sein, dass die Kritik der wichtigste Weg der Kommunikation ist.

Vor allem ist es wichtig, dass das Herunterbrechen eines gesellschaftlichen Debattenthemas auf eine einzelne Person vermieden werden sollte. Gerade bei Linken, die sich scheinbar mit Vorliebe auf Personen stürzen, die sich eigentlich der Linken zugehörig fühlen. Es passiert relativ oft, dass sich Idealisten untereinander zerstreiten und endlose Diskussionen führen. Das kann man natürlich machen. Mir geht es nicht um die Berechtigung solcher Diskussionen, sondern darum, wie man sich die langfristigen Ziele bewusst machen und in den Vordergrund rücken kann. Das langfristige Ziel in der Kanakendebatte wäre ja durchaus die Etablierung einer antirassistischen Gesellschaft. Denn es ist leider ja ein Fakt, dass jene, die sich öffentlich für Antirassismus einsetzen und daran mitarbeiten, dass dieses Ziel verwirklicht wird, in der Minderheit sind. Dementsprechend geht es bei der Kritik an Idealisten nicht um Einzelne und ihre Fehler, dafür haben wir zu wenig Zeit, gerade als Idealist sollte man das wissen. Nischendebatten im akademischen Milieu, wie auf Twitter, führen am Ende nur zur Zerlegung der Truppe, auf die man eigentlich bauen muss. Meinungspluralismus ist auch im linken Spektrum ein Ding, aber die Art, wie Selbstkritik eingefordert wird, ist teilweise selbst engagierten Menschen zu hoch. Natürlich ist Kritik wichtig, aber es gibt eine Diskrepanz zwischen Kritik und kategorischer Ablehnung. Und dieser Unterschied ist weitreichend. Das dürfen wir nicht vergessen.

Vor einiger Zeit stieß ich auf eine Kritik an einem viel geteilten Text der Autorin Jagoda Marinić. Eine Userin, die vor allem über Rassismus schreibt, (@azn_german), kritisierte, dass der *Spiegel*-Journalist Mathieu von Rohr Marinićs Text gelobt hatte: »Dieser Text strotzt nur vor white Fragility und falschen Fakten. Bei den Begriffen ›weiß‹, ›PoC‹ & ›Schwarz‹ geht es eben nicht um weiße Hautfarbe vs. dunkle Hautfarbe. Auch weiße Menschen können eine dunklere Hautfarbe haben als PoC, aber das macht sie noch lange nicht zu PoC. [...] Die Wissenschaft ›Critical Whiteness‹ kommt aber vor allem von Bi_PoC selbst, also von Rassismus negativ betroffenen Menschen, was hätte erwähnt werden müssen. Und ja, wir Bi_PoC haben jedes Recht darauf, einzufordern, dass wir nicht rassistisch fremdbezeichnet werden möchten.«[44]

Die Kernkritik lautet also, dass Marinićs Vereinfachung, was weiße beziehungsweise dunkle Hautfarbe bedeutet, abgeflacht und unangebracht sei, vor allem mit Blick auf die vorliegende wissenschaftliche Forschung. Über Marinićs Meinungsstück lässt sich durchaus streiten, ihre Kernaussage aber, also ihr Plädoyer für eine bessere Diskussionskultur, die sie durch kompromisslose Aktivisten gestört sieht, verstehe ich durchaus. Aber prinzipiell gilt: Meinungen müssen Meinungen aushalten. Die Anmerkung der Userin, dass man zwischen Ethnie und visuellen Merkmalen differenzieren müsse, ist wichtig und berechtigt. Und keinesfalls behindert sie die Debatte: Die Kritik der Userin ist nicht das Problem innerhalb der Debatte, sondern der Umgang und die Akzeptanz innerhalb von Diskussionen. Denn eine solche Kritik hat nichts mit Canceln zu tun, sondern mit ernsthafter inhaltlicher Auseinandersetzung.

Seit einigen Jahren ist es Chuzpe, jede Form des Cancelns lächerlich zu machen. Dabei sollte man sich vielleicht erst einmal darüber klar sein, was Canceln eigentlich ist. Die Intention ist es ja, Menschen die Plattform zu entziehen, die ihre große Reichweite dafür nutzen, zum Beispiel rassistisch oder transfeindlich zu sein. Ein sehr bekanntes Beispiel ist die Debatte rund um die Harry-Potter-Autorin J. K. Rowling. Diese wird von Aktivisten inzwischen als *Terf* bezeichnet, also als offiziell transfeindlich. Dabei verweisen Aktivisten auf Aussagen und Zusammenarbeiten der Autorin. Rowling konterte daraufhin in einem offenen Brief: »Der freie Austausch von Informationen und Ideen, der

Lebensnerv einer liberalen Gesellschaft, wird jeden Tag weiter verengt.«[45]

Nun geht es gerade hier aber nicht um den freien Austausch. Denn – und das ist ein wichtiger Aspekt innerhalb der Cancel-Culture-Debatte – es gibt einen Unterschied, ob ein Mensch gecancelt wird, weil er einfach eine andere Meinung hat, oder weil diese Meinung die Freiheit anderer begrenzt.

Mit anderen Worten: J. K. Rowling wird deshalb gecancelt, weil sie mit ihrer Meinung die Freiheit anderer beschneidet. Und zwar essenziell, spricht sie ihnen doch ein Existenzrecht ab.

Viele Aktivisten haben im Internet die einzige Möglichkeit, Menschen zu canceln, die Hass und Feindlichkeiten verbreiten. Dass Rowling sich mit dem Recht auf freie Rede, mit der Meinungsfreiheit, rechtfertigt und sich unrechtmäßig behandelt fühlt, ist dann auch schon wieder ziemlich ironisch. Gerade sie sollte dann doch die freie Meinung anderer, sie sei transfeindlich, auch aushalten können.

In dem Moment, in dem man zum Beispiel einen Onlineshop bewirbt, der Produkte verkauft, die transfeindlich sind, wie in Rowlings Fall, beschneidet man nun mal aktiv die Freiheit der betroffenen Menschen. Das ist der feine Unterschied in der ganzen Debatte rund um Meinungsfreiheit und »cancelwürdige« Aussagen: Ich darf niemals die Freiheit anderer begrenzen, und das tue ich, wenn ich jemanden diskriminiere. Das ist, wie wenn Menschen auf eine rassistische Aussage entgegnen: »Ich habe einen Schwarzen Freund, den stört das nicht, wenn ich das so sage.«

Warum halten wir uns so lange damit auf, das zu erörtern, könnte man fragen. Zum einen, weil canceln nicht per se schlecht ist. Zum anderen, weil Idealisten durch realitätsferne Debatten das wirkliche, langfristige Ziel leicht aus den Augen verlieren können. Auch bei der Vertretung der Interessen der benachteiligten Klassen, der Minderheiten, die so wenige Stimmen haben, muss man abwägen, wie viel Energie auf was verwendet wird. Und wie viel Hass man jenen entgegenbringt, die einen Mittelweg über Kompromisse und wutlose Kommunikation ausprobieren (wollen). Das bedeutet nicht, dass die Wut der Idealisten ungerechtfertigt ist, aber wenn allein Idealisten das Wort führen, kann das durchaus in einer Sackgasse münden.

Durch ihre Minderheitsposition und die Abhängigkeit von Unterstützern sind Idealisten oft handlungsbeschränkt. Ihre Unterlegenheit gegenüber der Mehrheit verringert ihre Optionen. Dementsprechend ist direktes Canceln oder eine rigorose Kommunikationsweise im Kollektiv nicht immer die Lösung, die zum (eigentlichen, idealistischen) Ziel führt. Habe ich als Idealist, der vielleicht auch noch akademisch ist, den Wunsch, jenen eine Stimme zu geben, die keine haben, muss man sich öfter daran erinnern. Denn letztlich ist ein schnelles Erreichen der Ziele doch der Wunsch des Idealisten. Dann erfordert das – egal, ob es richtig oder falsch oder genehm ist – von jenen mit einigen Privilegien oft mehr Aufopferung und Diplomatie.

Seit dem Auftreten der Cancel Culture lassen sich durchaus Fortschritte erkennen, denn bestimmte Wörter oder Alltagsrassismen, die Marginalisierte ertragen mussten, sind inzwischen flächendeckendere No-Gos, wenn sie vielleicht auch nur zähneknirschend und nicht unbedingt ideologisch überzeugt seitens der Mehrheitsgesellschaft akzeptiert werden.

Das ist ein wichtiger Aspekt mit Blick auf die stimmlosen Gruppen, für die man eintritt. Etwa mit Blick auf Schüler, die nicht aufs Gymnasium gehen. Jene, die zum Beispiel Stigmatisierung seitens des Lehrpersonals erfahren und an akademischen Diskursen gar nicht teilhaben können. Da muss man sich fragen, wohin welche Herangehensweise führt.

Wie differenziert man jene Idealisten von den Idealisten, die bereit sind, ihre Ideale für Kompromisse abzuschwächen, um Brücken zu bauen – die ja offensichtlich notwendig sind? Jetzt kommt ein ganz blödes Beispiel, das mich immer persönlich ärgert, aber so plakativ für vieles steht:

Ich bin unterwegs mit einem konservativen Politiker. Wir sprechen über aktuelle Debatten. Der Politiker sagt: »Natürlich kann ich nicht das N-Wort sagen, sollte ich noch irgendetwas an Respekt in mir haben. Aber ich muss Ihnen sagen, politisch aufgeladen ist das Ganze ja schon. Da wird man gleich zum Linken, ich sag's Ihnen.«

Auf der einen Seite fragt eine Stimme in meinem Kopf hämisch, ob nun Preise vergeben sollen für das Bewusstsein, Leute nicht rassistisch zu bezeichnen? Andererseits wird mir in dem Moment klar, wie viel Deutungshoheit mein Gegenüber hat. Sein Echo ist größer als meins, dringt viel tiefer in Milieus, in denen ich mich nicht unbedingt aufhalte. Wie groß wäre die Wirkung eines solchen Satzes auf einem Parteitag oder in einer Bundestagsrede dieser Person? Und wie bekommt man das hin? Denn wir brauchen ja, wenn es auch manche Idealisten nicht gern hören, »Allies«, also Partner, die sich für die Sache der Minderheiten einsetzen, wenn wir die Sprache kollektiv ändern wollen und nicht ausschließlich als Mittel der Abgrenzung zwischen »uns« und »euch« sehen wollen.

Kurzer Exkurs, weil es wichtig ist: Der englische Begriff »Ally« meint wortwörtlich »Verbündeter«. Gerade in der Debatte um Identität spielt er eine wichtige Rolle. Er ist eine Selbstbezeichnung von Menschen, die ihre »Privilegien« nutzen, um Minderheiten zu unterstützen. Ein Beispiel: Eine Person, die deutsch ist, sowohl im Pass als auch ethnisch, hier aufgewachsen und der Mittelschicht zugehörig ist, verbündet sich mit einer Schwarzen Person, die auch deutsch ist und Rassismus erfährt, und kämpft

»solidarisch« mit dieser Person für ihre Rechte – und ihre gesellschaftliche Anerkennung.

Die Einteilung in ihr und wir ist verheerend, weil das keinen Funken Verständnis beinhaltet für die andere Seite, keine Spielräume, sich zu treffen. Damit verbauen wir vor allem die Möglichkeiten für die, die sowieso nicht das Privileg haben, Teil der Debatte zu sein. Um noch mal Marinić zu zitieren:

> »Ich möchte weg von diesem Lagerverhalten, wie es auf Twitter üblich ist: #TeamSoundso. Sofort Partei ergreifen. Mittlerweile haben das auch die Zeitungen etabliert: ein Thema, zwei Meinungen. Zu den meisten Dingen gibt es aber weit mehr als zwei Meinungen. Auf Twitter spielen Nuancen keine Rolle. Da lauern die absichtlichen Missverständnisse. [...] wir brauchen eine Öffentlichkeit, in der es möglich ist, zu sagen, wir teilen nicht dieselbe Meinung, sind aber Teil derselben Gesellschaft.«[46]

***

Nichts könnte aktueller und allgegenwärtiger sein, als die uns alle betreffende, nun schon über zwei Jahre andauernde Debatte über die Impfung gegen Covid-19. Sie ist ein so treffendes wie fürchterliches Beispiel dafür, was Idealismus anrichten kann.

Es mag allen zum Hals raushängen, und dieses Thema ist nun auch wirklich ein Fass ohne Boden, denn die Diskussion darum, was hätte sein können, könnte man ja durchaus ewig führen – ergebnislos. Die Meinung der Mehrheitsgesellschaft, die im Laufe der Pandemie kein Misstrauen gegenüber der Regierung oder gegenüber der Existenz des Virus entwickelte, lässt sich zusammenfassen als: Ich werde mich impfen lassen, Masken sind wichtig zur Bekämpfung der Pandemie, und einen Lockdown mache ich lieber mit, als dass ich alle drei Tage mit meinem Kind in Quarantäne sitzen muss.

Das Einzige, was wirklich alle wussten, war: Karl Lauterbach existiert, mit Fliege oder ohne, aber immer mit Brille, vor allem in Talkshows. Bei *Anne Will*, *Maischberger*, *Maybrit Illner*. Sie alle kennen seit dem Frühjahr 2020 auch einen Virologen, oder zwei, drei, manchen glauben Sie vielleicht mehr, anderen weniger, und spätestens jetzt werden sich wirklich alle der über 83 Millionen Einwohner dieses Landes schon einmal die Hände desinfiziert haben, manche von uns auch mit diesem grauslichen Zeug, das stechend wie Tequila riecht. Was wir daraus ziehen können: Die Pandemie hat uns unfreiwillig miteinander verbunden.

Radikale Ereignisse erzwingen radikale Maßnahmen – und alle machen dann mit, oder? Nicht ganz. Zu Beginn war die Pandemie für uns alle ungewohnt und neu, denn auf solch ein Ereignis kann man sich auch mit weitsichtiger Realpolitik genauso wenig vorbereiten wie als Laie. Man wusste, dass man sich in erster Linie selbst schützen muss, was aber nur wirklich gelingen konnte, wenn alle mitmachten. Zu Beginn gab es kurz Freude über das Homeoffice, die Schüler hatten frei. Dann durfte man beim Kauf von zwei Packungen Pasta einmal kurz das Gefühl eines nahenden Krieges über sich ergehen lassen, aber die Gesellschaft riss sich im Großen und Ganzen zusammen, auch als ein paar wenige begannen, Jahresvorräte an Klopapier zu horten.

Dann dauert alles zu lange, die Gesellschaft versteht die politischen Entscheidungen nicht mehr. Da wird es kritisch. Anfangs ist es vor allem der rechte Rand, aber jene, die der Regierung nicht mehr vertrauen, werden mehr. Viele von ihnen sind keine Nazis. Viele von ihnen sind einfach besorgt und verstehen nicht, was das Ganze soll. Warum der Staat so was darf, darüber entscheiden, wann man raus darf. Oder welche Stoffe man vor seine Atemwege halten muss und vor die der Kinder. Ist das schädlich? Verheimlichen sie uns etwas? Zunächst versucht die Gesellschaft, zu verstehen. Aber bald verstanden Einzelne im Kollektiv den »Egoismus« derjenigen, von denen sich manche »Querdenker« nennen, nicht mehr. Es wird ihnen zu bunt, sie werden wütend. Die Wut auf das Virus, das einschränkt, den rücksichtslosen Partner, die Doppelbelastung. Der Egoismus, Schutzmaßnahmen nicht ernstzunehmen, große Demos zu veranstalten. Manche Querdenker radikalisieren sich, andere verteidigen sich mit den Begriffen Freiheit und Rechtsstaat. Manche hören gar nichts mehr.

Das Kollektiv ist auf die Mitarbeit aller angewiesen, die das Geschehen beeinflussen können. In diesem Falle ging es darum, die Inzidenzen niedrig zu halten. Damit nicht allzu viele Menschen dieses Virus bekommen, nicht gleichzeitig, und so am besten eigentlich niemand stirbt. Corona-Tote sind vermeidbare Tote, gerade für die, die Verluste erleben, wird dieser Gedanke allgegenwärtig. Für eine Reportage fahre ich damals in ein Berliner Krankenhaus, es ist Winter. Man schiebt eine 34-Jährige an mir vorbei. Sie ist tot. Keine Vorerkrankung, ihr Kopf ist nicht abgedeckt, sie wird aus dem Krankenhaus in einen Leichenwagen gebracht. Niemand war bei ihr, als sie starb – zu hoch das Risiko, dass sich weitere Menschen infizieren oder das Virus weiter ins Krankenhaus tragen. Es ist auch ein kurzer Einblick in das, wofür Promis wie Boris Becker ein paar Minuten am Tag klatschten: überarbeitete Pflegekräfte, die das Ausmaß der Pandemie tragen müssen. Es gab diese Solidarität am Anfang, erinnern Sie sich, als Junge für Alte zu Hause blieben und mit dem Impfen warteten.

Dann kam der Impfstoff. Und dann war da diese große Diskussion um ein bis dahin gar nicht so stark politisiertes Wort:

Impfpflicht. Für diejenigen, die sich aus dem Kollektiv zurück-gezogen hatten, war sofort klar: Es wird einen Zwang geben. Ich werde mich nicht impfen lassen! Bill Gates, Weltherrschaft, Durchseuchung – harte Worte in der Demokratie. Ein hohes Gut, diese Demokratie, die uns doch so bahnbrechend schnell einen Impfstoff ermöglicht hatte, dazu von zwei Deutschen mit türkischen Wurzeln – für manche mit rassistischem Motiv ein Grund mehr zu sagen, dass sie das nicht nehmen, das Zeug.

Es soll aber keine Impfpflicht geben. Anfangs sind die Impf-termine rar, niemand schaut entsetzt, wenn jemand sagt: »Ich bin noch nicht geimpft.« Dann wird es immer einfacher, einen Termin zu bekommen, die Impfzentren leeren sich. Die ge-fälschten Ausweise kommen, gemeinsam mit den Beschlüssen zu 2G- und 3G-Regelungen. Alles wird besser, die Inzidenzen, das gesellschaftliche Klima – die Normalität ist spürbar. Dann kommt Delta, dann kommen die Impfdurchbrüche. Und ir-gendwann wird man sehr schräg angeschaut, wenn man un-geimpft ist. Dann poppt das Wort Solidarität auf, Vergleiche mit Ländern wie Marokko, von Karl Lauterbach auf Twitter geteilt: ein Land, in dem 97 Prozent impfwillig oder geimpft sind. Zur Wahrheit gehört auch, dass Lauterbach zu jener Partei gehört, die die Freigabe der Patente nicht ermöglichte. Aber Lauterbach wurde nicht deswegen zur Hassfigur, sondern weil er Corona »propagiere« und im Fernsehen »lüge«. Selbst Menschen, die ihm eigentlich zustimmen, machen Witze über die Häufigkeit seiner Auftritte. Am Ende wirkt er aber auch wie ein Mann, der verzweifelt gegen Wände redet, monatelang.

Irgendwann sind alle Querdenker für die Öffentlichkeit Nazis. Irgendwann führt Baden-Württemberg eine PCR-Test-Pflicht für Ungeimpfte ein, jetzt fühlen sie sich bestätigt in ihrer Über-zeugung, ihrem Glauben, der Staat wolle sie langfristig kon-trollieren.

Dann kommt Joshua Kimmich. Er sagt im Oktober 2021, dass er nicht geimpft sei, denn er habe Bedenken wegen der möglichen Langzeitwirkungen. Diese haben viele Virologen zu dem Zeitpunkt bereits entkräftet, aber Kimmich ist nicht der Einzige in der Bevölkerung, der Angst hat. Die Wut des Kollektivs richtet sich auf einzelne Personen wie Kimmich. Unverantwortlich, müssten sich in vielen Städten ja alle Stadionbesucher impfen lassen (2G-Regel), die dann kurz vor dem Spiel gestaucht vor dem Einlass stehen. Die scheidende Regierung hat dann das Infektionsgeschehen nicht mehr im Blick – und das Kollektiv ruft nur, was hätte sein können: eine geimpfte, fast coronafreie Gesellschaft.

Es kann keine Debatte über die Demokratie, über Kompromiss- und Debattenkultur geben, ohne die Pandemie zu erwähnen. Wenig anderes kann so gut verdeutlichen, was ein Abhängigkeitsgefühl bedeutet, wie Covid-19. Ironischerweise war in dieser Konstellation die Mehrheitsgesellschaft abhängig, die unterlegene Partei. Sie war abhängig von dem Mitwirken derjenigen, die den vermeintlich rationalen Regeln nicht folgen wollten, in ihren Augen undemokratische Menschen. Der Grund, weshalb wir heute hier stehen, ist eine Politik, die sich von der lauten Gruppe der Querdenker hat beeinflussen lassen. Weil man wusste, dass man sich um die Zweifler und Zögerer kümmern muss, um nicht in eine schwere Infektionslage zu schlittern. Was dann schließlich doch passierte.

Dass es so weit gekommen ist, hat entscheidend auch mit der mangelnden Kompromissfähigkeit unserer Gesellschaft zu tun. Die Arroganz der Mehrheitsgesellschaft, oft befeuert von vermeintlich Intellektuellen, die Ausspielung der Frage, wer schuld an der Lage sei und wer unsolidarisch. Der Druck, richtig agieren zu müssen, war sicher nicht das konstruktivste Mittel, um möglichst viele Menschen für »die Sache« zu gewinnen.

Ich glaube durchaus auch, dass es rückblickend falsch war, den Begriff Solidarität so zu strapazieren. Die Begriffe Schuld und Solidarität sind in Deutschland teils so negativ konnotiert, dass viele beim Klang dieser Wörter etwas anderes verstanden oder unterstellen, als beabsichtigt ist. Die Debatte darüber, ob man sich impfen lassen sollte, was Solidarität bedeutet und wieviel eine Gesellschaft davon braucht, sind Fragen, die in der Menschheitsgeschichte nie endgültig geklärt werden konnten. Und die sich mit Sicherheit nicht kurzfristig, gewissermaßen auf Zuruf, im Angesicht einer existenziellen Krise lösen lassen. Dieses theoretische Rumgerede – besonders in der journalistischen und politischen Blase – bringt ja erst einmal kaum jemanden wirklich weiter. Es beschäftigen sich dann die Privilegierten mit ihrer eigenen Solidaritätsfrage. Fragen nach einer realistischen Perspektive hingegen, was machbar ist oder wie man vielleicht Menschen überzeugen kann, sich impfen zu lassen, werden hart abgeschmettert.

Die eine Fraktion schreit: Die, die nicht wollen, sind nicht zu retten, ideologisch verblendet. Die andere Fraktion schreit: Freiheit! – Und niemand schaut darauf, was denn jetzt die Möglichkeiten sind, außer sich weiter anzuschreien, bis irgendwann wortwörtlich alle Ungeimpften durchseucht sind.

Ich weiß, es mag überheblich klingen, hier die Forderung nach besserer Kommunikation aufzubauen, um mehr Menschen ins Boot zu holen. Aber das ist ja dann auch genau mein Punkt: Was wir brauchen, ist mehr Mitte, also mehr Realisten. Menschen mit Diskurshoheit, die sich nicht auf idealistische Positionen zurückziehen à la »so sollte es aber sein«, die sich nicht davor scheuen, Kompromisse zu suchen, um ein möglichst gutes Ergebnis herauszuholen. Hier geht es auch um Machtverhältnisse, Klasse und eine Politik, der einfach oft das Image von »denen da oben« anhaftet. 2G? Impfpflicht für bestimmte Berufsgruppen? Alles Fragen, die Rattenschwänze von Debatten nach sich ziehen. Ob Bezahlung, Bevormundung, viel zu schwache Lobbys, wie zum Beispiel in der Pflege, angestaute Wut über vorangegangene unsoziale Politik. Gerade auch Letzteres hat dazu beigetragen, den Konflikt zwischen diesem ihr und wir in der deutschen Gesellschaft zu verschärfen.

Die Wut hat durchaus auch Bühnen geschaffen, denn viele Menschen hingen in jener Zeit besonders viel zu Hause im Internet herum (natürlich nicht die sogenannten Systemträger, die 24-Stunden-Schichten in Krankenhäusern absolvierten). Dann wurden Figuren wie Attila Hildmann für viele so faszinierend, weil sie so penetrant und unangreifbar wirkten. Dann wurde sogar noch versucht, das Parlament zu stürmen, das Kollektiv geriet höchstgradig in Empörungseuphorie, was anderes blieb ja ab einem bestimmten Punkt auch nicht mehr übrig. Viele schlossen dann ab mit den Unüberzeugbaren, was hilft es denn …

Und dennoch: Man hätte die Ungeimpften als Verbündete gebraucht. Man hätte mehr tun müssen, um sie nicht zu verlieren. Denn das meiste bekamen diejenigen ab, die sich am wenigsten wehren konnten: die Kinder. Der NRW-Gesundheitsminister Karl-Josef Laumann setzte nach den Sommerferien 2021 die Maskenpflicht in den Schulen aus – kurz darauf wurden die höchsten Neuinfektionszahlen aller Zeiten gemessen. Er habe Zuschriften bekommen, wie schlecht die Kinder damit atmen könnten. Wissenschaftlich war das schon längst widerlegt, aber die Gesellschaft war inzwischen ohne sinnvolle Mittel gegen den unkontrollierbaren Einfluss jener, die sie sich zum Feind gemacht hatten. So startete der zweite Pandemiewinter, die nächsten Monate voller Angst vor dem Virus und Impfdurchbrüchen. Dann spielen sich weitere wirre Szenen ab, weil die Testzentren abgeschafft wurden. Ältere Damen stehen nun in der Kälte vor den Impfbussen, in der Hoffnung auf die sogenannte Booster-Impfung, werden aber abgewiesen, weil ihre letzte Impfung erst fünf Monate und drei Wochen her ist, und nicht wie vorgeschrieben sechs Monate. Fraglich, ob das die richtige Strategie ist oder man überhaupt von einer Strategie sprechen kann.

Und jetzt muss man überlegen, wie sich diese Erfahrungen auf die nächste Pandemie auswirken, denn das Kollektiv wird wieder abhängig sein von denen, die misstrauisch sind. Da fällt einem glatt das eigene Privileg der Demokratie auf die Füße: Die Abhängigkeit führt dazu, dass man jene umgarnen muss, denen man doch insgeheim die Schuld an der Misere gibt.

Das Privileg ist mit Blick auf deutsche Debatten übrigens nicht uninteressant. Privilegien haben nicht nur in der Pandemie den Bau von Brücken verhindert. Um Letzteres möglich zu machen, müssen Idealisten an sich arbeiten. Womit wir wieder hier wären: das Klima und seine Aktivisten.

ÜBER DAS EGO DES IDEALISTEN, ODER: WENN DU DIE WELT NUR FÜR DICH RETTEST, KANNST DU ES AUCH GLEICH SEIN LASSEN

»Die Frage, wer herrschen soll, ist falsch gestellt. Es genügt, wenn eine schlechte Regierung abgewählt werden kann. Das ist Demokratie.« *Karl Popper*

Im Februar 2021 schrieb ich einen Artikel mit dem polemischen Titel »Aber Hauptsache, wir canceln Autofahrer zu Tode«:

Man könnte fast glauben, in der Klimakrise gibt es nur einen falschen oder richtigen Standpunkt – entweder man verneint sie oder nicht. Diese wiederkehrende, selbstgefällige Bestätigung, das Richtige zu tun, bedeutet am Ende jedoch noch mehr Leid für jene, die bereits von der Klimakrise betroffen sind. Ohne zynisch klingen zu wollen, Klimaaktivismus holt große Teile der Bevölkerung nicht ab. Immer noch. Nicht nur wegen moralischer, selbstbezogener Debatten, sondern wie im Falle der Klimabewegung wegen der fehlenden Repräsentanz. Denn meist sprechen junge, akademische Menschen auch nur genau diese an.

Ja, ein kleiner Teil der Bewegung fordert die Repräsentation aller Menschen. Diese Forderung zeigt sich als nahezu gar nicht umgesetzt, obwohl das dringend notwendig wäre für jene, die mit ihrem Vorhaben die Masse bewegen wollen. Die Masse innerhalb der Klimabewegung ist akademisch, sie ist weiß. Und oft fernab jeder Lebensrealität.

In Umfragen gaben rund 17 Prozent der Teilnehmer von Fridays for Future einen »Migrationshintergrund« an. Es rechnen sich rund 69 Prozent der unteren/oberen Mittelschicht zu, nur fünf Prozent zur Arbeiterschicht. Rund 92 Prozent gaben an, derzeit ein Abitur anzustreben oder bereits auf Hochschulen zu sein. Das sieht bei den Vorgängergenerationen der jungen Klimaaktivisten nicht anders aus.

Wer braucht aggressives Shaming von klimabewussten Mitbürgern, wenn es rein symbolpolitisch bleibt und völlig fernab jeder Lebensrealität ist? Beschämend, dies immer noch erwähnen zu müssen, die Mehrheit der Gesellschaft sind Geringverdiener, Systemträger, Alleinerziehende und Menschen, die keine Zeit für ein allgegenwärtiges Klimabewusstsein haben. Es ist also die Aufgabe der Aktivisten, diese Mehrheit mitzudenken und in ihrem Sinne zu handeln, und nicht, eine Spaltung zu erwirken und rein selbstgefällige Vorteile zu erzielen.

Ich brauche als Idealist auch eine realpolitische Perspektive. Das reine Echauffieren über aktuelle Zustände ohne die Reflexion, was man selbst dazu beigetragen haben könnte, erhöht höchstens die öffentliche Zustimmung, es beschleunigt keine politischen Prozesse. Allerdings braucht es in einem demokratischen System einen realpolitischen Kompromiss, wenn nicht alle derselben Überzeugung sind. Banal, aber Tatbestand.

An diesem Zugang besteht wenig Interesse, denn es geht nicht um die wirklich realistische und am schnellsten umsetzbare Veränderung. Wir diskutieren uns zu Tode über Karosserien, Langstreckenflüge und Fahrradwege. Man könnte meinen, diese Art von Stagnation verärgere, aber sie untermauert eine weitverbreitete Haltung: »Wir« machen alles richtig, unsere Haltung ist für alle das Beste. Nicht, dass andere politische Strömungen anderes über sich selbst behaupteten, sie widmen sich nur oftmals nicht einer der wichtigsten Fragen der Zeitgeschichte.

Ehrlich gesagt, vermag ich mich eher damit anzufreunden, dass die Erde zugrunde geht, als in einem solchen Europa zu existieren. Diese Aussage ist nicht nur abstoßend, sie zeichnet genau das Bild ab, was viele Aktivisten vertreten: Ideologie über Inhalt. Es geht nämlich nicht um Solidarität und das Überleben der Menschheit, sondern den Erhalt des eigenen privilegierten Daseins, Eurozentrismus pur. In diesem Eurozentrismus sind natürlich nur weiße Menschen mitgedacht, die denselben Lifestyle haben.

Ich bin kein Freund der Generalisierung, doch sträubt sich alles in mir gegen den Teil der Klimaaktivisten, die mit ihrer Selbstgefälligkeit mehrere Menschheiten bedienen könnten. Die abstoßende Selbstsicherheit der eigenen Deutungshoheit und Richtigkeit, die oft in aggressiven Twitter-Diskussionen sichtbar wird, schadet dem großen Ganzen so ungemein, und es scheint niemandem aufzufallen. Die Bringschuld liegt bei jenen, die Veränderung wollen, egal, ob das moralisch gut oder schlecht ist. Und diese Attitüde spaltet, sie radikalisiert und ermöglicht den Privilegierten ihren Lifestyle – auf Kosten aller, die keine Stimme haben. Wenn man meint, wirklich der Masse zu dienen, muss einem bewusst sein, dass man auf kleine Schritte angewiesen ist. Besonders, weil man nicht die Regierung stellt oder schlichtweg nicht am längeren Hebel sitzt, geschweige denn das politische System von heute auf morgen revolutionieren kann. Wenn ich etwas bekämpfe, muss ich meistens eine Ursache definieren.

Anstatt sich mit vorhandenen Ressourcen zu beschäftigen, um rasch einen globalen Konsens bei der Bekämpfung der Klimakrise zu finden, geht es oft um die reine Polemik und Provokation, Teufelskreisdebatten und die Deutungshoheit: »Wer gegen uns ist, hat unrecht.« Lehrbuchartige Selbstgefälligkeit. Man wiegt sich in der Sicherheit, moralisch im Recht zu sein. Dazu würde aber die Erkenntnis gehören, als neokolonialisierender Kontinent erst zu diesen miserablen Zuständen überwiegend beigetragen zu haben.

Als bezeichnendes Beispiel lässt sich ein Vorfall während des Jahrestreffens des Weltwirtschaftsforums in Davos nennen: Die ugandische Klimaaktivistin Vanessa Nakate wurde von der Presse aus einem Foto geschnitten, auf dem sie eigentlich neben Greta Thunberg und Luisa Neubauer zu sehen war. Aktivisten regten sich über die Presse auf. Man kann es sich dann eben leisten, der Presse vorzuwerfen, Nakate aus dem Bild geschnitten zu haben, und nicht sich selbst einzugestehen, dieses Bild der europäischen, meist weißen Klimaaktivisten stets zu reproduzieren. Und nicht schmerzlich festzustellen, dass es in Deutschland und dem deutschen Klimadiskurs keine sichtbare Vanessa Nakate in den eigenen Reihen von FFF gibt. Aber Hauptsache, wir canceln Autofahrer zu Tode.

Die Deutungshoheit, die durchaus öfters mit Hilfe der Moralkeule als Waffe errungen wird, schadet damit nicht nur dem Vorhaben der Aktivisten, sie verbaut auch die Arbeit jener, die das seit Jahrzehnten ohne Profit und öffentlichen Geltungsdrang machen. Aktivisten wie Imeh Ituen, die Teil des Klima- und Umweltgerechtigkeitskollektivs Black Earth ist. Dass ohne soziale Gerechtigkeit und neokoloniale Aufarbeitung kein Ende der Klimakrise möglich ist, sagen Aktivisten wie Ituen seit Jahrzehnten.

So bleibt es der Demokratie nur zu wünschen, dass der vermeintliche Aktivismus für alle die Selbsterkenntnis erlangt: Jeder ist der Reflexion und Aufarbeitung verpflichtet. Passiert dies nicht zügig und flächendeckend, wird die Luft im wahrsten Sinne des Wortes immer dünner.[47]

Man könnte vielleicht denken, was ich da in dem Artikel für die *Welt* 2021 aufgeschrieben habe, käme von einem linken Standpunkt. Oder dass das ja meiner These widerspreche, dass Minderheiten gegen das Kollektiv antreten, denn der Klimakampf ist ja bekanntlich global, folglich kann es eigentlich keine zwei Gruppen geben. Man könnte meinen, ich hätte Linke dafür gecancelt, etwas, das vermeintlich ein linksgrünes Anliegen ist, falsch anzugehen. Was ich, um genau zu sein, im letzten Kapitel ja noch als unsinnig kritisiert habe. Okay, das muss man wohl mal aufdröseln, denn die Auswirkungen der Idealisten auf die Gesellschaft sind komplex und wichtig.

Zunächst einmal gebe ich Ihnen recht, der Klimakampf ist global konnotiert, folglich kann er kein linksgrünes Anliegen sein. Er ist ein Anliegen der Mehrheitsgesellschaft und wird mehrheitlich in der Politik auch als solches Problem gesehen und analysiert. Und zweitens: Politisch gesehen bekommen die Klimaaktivisten mehr Bühne, als es sich Antirassisten je erträumen könnten – denn das Klima betrifft bekanntlich alle, Marginalisierung und Diskriminierung betreffen nur jeweils Teile der Gesellschaft. Hier beginnt die Debatte rund um vorhandene Privilegien und vor allem: die falsche Politisierung von Themenfeldern.

Erinnern Sie sich an den Aufruhr um das im Artikel beschriebene Foto von Nakate, kurz vor Pandemiebeginn 2020, als die größten politischen Größen dieser Welt in Davos eintrafen? Die Nachrichtenagentur AP verbreitete damals ein Foto von diesem Event, auf dem bekannte Gesicher der Klimabewegung zu sehen waren, unter anderem Luisa Neubauer und Greta Thunberg – die ugandische Umweltaktivistin Vanessa Nakate, die links von Neubauer am Rand stand, schnitt man einfach weg. Die vier Aktivisten, die noch auf dem Bild blieben, waren weiß. Wer konkret daran schuld war, lässt sich nicht sagen, weder ein rassistisches Motiv noch die unüberlegte Entscheidung, einen anderen Bildausschnitt zu wählen, können ausgeschlossen werden. Aber als Beispiel für die Macht des Fotojournalismus taugt das Bild dennoch sehr gut.

Peter Weissenburger schrieb damals über den Fall in der *taz*: »Fotos gleichen dem geschriebenen Wort darin, dass sie subjektiv sind, dass sie unvollständig sein können – und trügerisch. Beim Text entscheiden Autor*in und Redaktion, wo die Geschichte anfängt und wo sie endet, beim Foto ist es nicht anders, hier setzt der Rahmen die Wirklichkeit. Von wegen objektiv.«[48]

Es unterstützt vor allem genau das Bild, das wir in Europa nur allzu oft vorgehalten bekommen: Es sei ein Kampf der weißen Elite. Ich erinnere mich auch nur an sehr wenige Gespräche mit Aktivisten, die marginalisiert sind. Schon als sich die Bewegung etablierte, lastete dieses Thema auf ihr, denn es macht ja angreifbar, was nicht unbedingt hilfreich ist. Bevor wir uns jetzt auf Greta Thunberg oder Luisa Neubauer stürzen: Nein, Luisa Neubauer etwa als das Gesicht der deutschen Bewegung ist nicht das Problem. Es geht nicht um das Shaming eines Individuums, besonders nicht, wenn jene Figuren, die zwar durchaus steile Karrieren hingelegt, aber auch jede Menge Verantwortung haben, sowieso schon dem geballten Hass derjenigen in der Gesellschaft ausgesetzt sind, die Aktivisten, Klimaschützer insbesondere, per se hassen, und unter deren Aggressionen sich immer noch eine Prise Frauenhass mischt.

Trotzdem war und ist die vorderste Reihe der deutschen Fridays-for-Future-Abteilung wenig repräsentativ, was die deutsche und vor allem die junge Gesellschaft angeht. Ich spreche von Geschlechtern, Hautfarben, Behinderungen und Klasse. Letzteres hätte besonders beachtet werden müssen. Der Vorwurf, dass es sich bei den Klimaaktivisten größtenteils um Gymnasiasten handelt, die wenig Erfahrung mit Geldsorgen gemacht haben, ist berechtigt. Natürlich geht es nicht darum, dass man sich für seine Herkunft schämen soll, um Gottes willen, das wünscht man niemandem. Aber es gibt nun mal mehr Armut als Wohlstand, das ist ein Fakt. Und die Mittelschicht, die Elite, wird die

Fragen, die der Klimawandel aufwirft, langfristig nicht alleine beantworten können.

Geschweige denn können die Debatten, besonders die plakativen, die mit den Demonstrationen und den geäußerten Forderungen losgetreten werden, ohne eine Einbeziehung aller geführt werden. Meine Lieblinge sind ja Inlandsflüge und das Tempolimit, wahlweise auch die Pendlerpauschale. Damit bringt man sehr unklug Menschen gegen sich auf, die man eigentlich leicht hätte für die Sache gewinnen können. Ob das die richtige Lösung ist? Oder wären – genau – Kompromisse das bessere Mittel der Wahl gewesen? Leider wird diese abstrakte Debatte dann doch sehr deutungshoheitlich von jenen geführt, die sich das leisten können. Sowohl finanziell als auch zeitlich – Zeit für Aktivismus, oder gar das Privileg, damit Geld verdienen zu können.

Bemerkenswert ist, dass zu Beginn von Fridays for Future das Thema Repräsentation keines war, das Mitziehen aller, abseits der akademischen, weißen Mittelschicht. Ganzheitliche Themen erfordern leider auch ganzheitliches Arbeiten und Wissen. Nein, keine Ingenieursexpertise von 16-Jährigen über die technologische Komponente der Klimapolitik. Aber durchaus, wieso das Klima sich so drastisch verändert hat, welche Staaten den meisten Anteil daran haben und wie weitreichend Klimapolitik ist. Das sind vor allem, wie es in den deutschen Debatten oft durchscheint, Verkehrspolitik und nachhaltiger Konsum.

»Gibt es denn Möglichkeiten, mehr Leute ins Boot zu holen?«
»Ja, ich glaube schon. Es könnte auch ein Argument im Gespräch mit einem AfDler sein, denn wenn wir zum Beispiel auf das Thema Klimaflüchtlinge schauen, dann geht es auch um die Frage, ob an Grenzen geschossen wird.«
»Hast du gerade gesagt, ob geschossen werden muss?«
»Ja, im Sinne von: wie Außenpolitik dann aussehen wird.«

»Das heißt, der AfDler soll vom Klimakampf überzeugt werden, indem man auf die ungewollten Klimaflüchtenden hinweist?«

Das ist ein kurzer Ausschnitt aus einem Gespräch mit einer Klimaaktivistin im Jahre 2019. Damals waren mehrere Personen, auch Journalisten, anwesend. Schlimm fanden das jetzt nicht unbedingt alle. Ich habe mich in erster Linie gefragt: Was ist das für ein Gedankengang? Es geht nicht um den Kerngedanken, das Kollektiv im Klimakampf zu mobilisieren, damit es möglichst wenig Blockaden gibt. Alles diskussionswürdig, keine Frage. Aber die Argumentation ist menschlich mehr als fragwürdig – vor allem steht am Ende die Frage, für wen man denn die Welt rettet, wenn einer Aktivistin eine solche Argumentation naheliegend erscheint? Da sitzt also eine Aktivistin, die bei der Frage, wen man noch von guter Klimapolitik überzeugen könne, an AfDler denkt. Okay, kann eine Perspektive sein – gar völlig selbstlos gedacht. Man könnte auch zunächst denken, dass das ja nicht das einzige Beispiel bleibt. Dass sie diesem absurden AfD-Argument etwas beifügt oder es weiter denkt. Könnte man denken. Es blieb aber ein Links-rechts-Denken, und alle anderen Vorstellungen blieben aus. Die Priorisierung dieser potenziellen Klimakämpfer ist auch deshalb interessant, weil man große Teile der linken Arbeiterklasse noch nicht einmal hinter sich versammelt hat.

Diese Arroganz, mit dem Kampf gegen den Klimawandel zunächst sich selbst, die eigene Komfortzone retten zu wollen, und im Prinzip diejenigen, die jetzt bereits vor den Veränderungen flüchten müssen, möglichst zurückschicken zu wollen, lässt mich persönlich zum Pessimisten werden. Wo soll der globale Anreiz dafür sein, wenn doch letztlich sehr eurozentristisch (also nur auf Europa bedacht, ohne perspektivisch alle Kontinente gleichberechtigt miteinzukalkulieren) gedacht wird? Und das Schlimmste ist: Damit ist der Bewegung auch nicht geholfen bei der weiteren Verbreitung ihrer Haltung und ihrer politischen Forderungen. Vor allem dieser – vielleicht einfach unüberlegte, begrenzt perspektivische – nationalistische Beigeschmack, hat doch gerade der westliche Konsum über Jahre hinweg diese Situation mitverursacht. Diese Deutungshoheit im postkolonialen Diskurs und diese rassistischen Erzählungen über das unterentwickelte, arme Afrika treiben auch den Glauben an, dass wir uns natürlich schneller und klüger mit der Klimakrise auseinandersetzen können. Ein schrecklicher Trugschluss, scheitern wir im Westen doch offensichtlich schon an den 1,5 Grad. Als viertgrößte Industrienation sollte uns klar sein, dass die Klimakrise ein drängendes Problem ist, das wir global mitzulesen haben.

Arroganz ist überhaupt ein gutes Stichwort, wenn es um den Kampf gegen den Klimawandel geht. Es erinnert mich an eine *Spiegel*-Dokumentation, die ich im November 2021 gesehen habe. Sie hieß »›Zu elitär, zu arrogant‹: ›Fridays for Future‹-Kritiker Clemens Traub«.[49] Letzterer schildert im Video, weshalb er sich, trotz seiner starken Überzeugung, dass es dringend politischen Handlungsbedarf in der Klimapolitik gibt, mit der Organisation Fridays for Future nicht mehr identifizieren kann. Zu akademisch ist es ihm – Traub bestätigt das Bild der Organisation als Blase, die nur mit ihresgleichen verkehrt und weder darauf angelegt ist, alle anzusprechen, noch alle zu erreichen. Das wiederspricht letztlich natürlich dem Anspruch einer eigentlich globalen Bewegung. Heute würde ich durchaus sagen, dass sich die Organisation verbessert hat – gerade Luisa Neubauer war dies ein Anliegen, was man spätestens nach dem Vorfall mit Nakate deutlich wahrnehmen konnte. Der Wille, Fridays for Future global anzusiedeln und zu denken und die Diversität auch in die deutsche Bewegung zu tragen, begann aber tatsächlich erst nach diesem Vorfall in Davos.

Das *Spiegel*-Video spult zurück in das Jahr 2019, als Deutsche sich mit der Frage beschäftigten, ob es in Ordnung sei, dass junge Schüler den Unterricht schwänzen, um gegen die mangelnden Maßnahmen zur Eindämmung des Klimawandels zu protestieren. Da es mehrheitlich Gymnasiasten waren, ist die Frage doch irgendwie beantwortet, oder? Damit meine ich das Privileg, das überhaupt zu wagen. Eltern, die das ermöglichen können, ein Bildungsumfeld, das sie auffängt – das ist mit Blick auf Noten und soziale Probleme nicht allen in unserem Bildungssystem vorbehalten. Plakativ gesagt könnte man hier zum Beispiel eine junge Schülerin nehmen, mit einer Fünf in Mathematik und Problemen mit ihrem Lehrer, vielleicht ist sie dazu auch noch migrantisch und spürt den Druck, weniger Fehler machen zu dürfen als alle anderen. Das ist sicher kein Einzelfall oder eine einzelne Perspektive, sondern genau der Grund, weshalb diese Bewegung so homogen ist, wie sie es bis heute ist. Mit der Ausnahme, dass der inhaltliche Schwerpunkt sich verändert hat, letztlich auch durch interne Aufarbeitung der Probleme, durch Workshops und interne Diskussionen, ermöglicht durch internationale Referenten und den Austausch mit Aktivisten, die nicht weiß sind.

Um zwischendurch Dürrenmatt zu zitieren: »Was alle angeht, können nur alle lösen.«[50] Da liegt dann der feine Unterschied zwischen Debatten, die Minderheiten führen (müssen), weil sie auf sich selbst angewiesen sind, und jenen, die kollektive Probleme damit lösen, Schuldige im Kollektiv auszumachen, um dann zu verkünden, dass ja niemand etwas tue. Entschuldigen Sie die Überspitzung, aber wie gesagt bedrängt die Klimakrise ja die gesamte Gesellschaft, da ist jeder beteiligt oder nicht.

Der erschreckendste und aussagekräftigste Part des Videos ist übrigens eine Szene aus der Hochzeit der Bewegung 2019. Eine Gruppe geht aus der Demonstration auf Zivilisten zu. Diese sind augenscheinlich auf dem Weg Richtung Kreuzfahrtschiff. Einer der Aktivisten sucht das Gespräch. Er konfrontiert die erkennbar älteren Damen und Herren damit, wie klimaschädlich eine solche Reise sei. Eine ältere Dame versucht, sich zu rechtfertigen, sie mache das ja nicht so oft, das wäre dann für sie in Ordnung. Solch ein Verhalten rette aber nicht seine Zukunft, hält der Aktivist ihr vor. Neben ihm hält ein anderer ein Plakat mit der Aufschrift »Kreuzfahrer, ihr vergiftet uns! Haut ab!« hoch.

Da könnte man jetzt einerseits von vollends begeisterter Jugend sprechen, die uns alle nur retten will, da gehört das Unangenehme halt zu. Andererseits ist es aber auch einfach Übergriffigkeit, davon auszugehen, dass jeder das Thema Klimakrise radikal sehen muss – denn demokratisch gesehen ist das nicht der Fall, und damit meine ich jetzt nicht die Leugner. Und hier kommen wir auch zur Klassenfrage. Wer perspektivisch vielleicht nicht in der Lage ist, in dem Moment zu hinterfragen, was das für eine Gruppe ist, wie oft sie das macht, ob sie dafür lange spart und so weiter und so fort – ich finde es fast schon leidig, das erklären zu müssen –, sorgt so für das Ende jeglichen Diskurses und Entgegenkommens, er handelt schlichtweg übergriffig und kurzsichtig.

Hier können wir uns auch noch mal an die Enkelbriefe erinnern, die prinzipiell die Generationenfrage als entschieden gesehen hatten und in ähnlicher Kollektivität aggressiv ihr Anliegen kommunizierten. Ich muss Ihnen auch sagen, dass ich das bereits angesprochene Thema der Mündigkeit – mag es in vielerlei Hinsicht auf Twitter und politisch als Argument verbraucht und totdiskutiert sein – hier extrem wichtig finde.

Final kommt dann noch ein Satz, der veranschaulicht, wie Einzelne die gute Arbeit vieler anderer Aktivisten zerstören können, da ihre geballte Plumpheit und Naivität, gepaart mit ihrer Deutungshoheit, hier mündet: »Es gibt immer noch die Leute, die das anscheinend nicht so sehr interessiert, allerdings nehmen wir es den Leuten ja nicht übel, dass sie nichts wissen.«

Unabhängig von der Frage, wie taktisch klug es ist, einer undefinierten Gruppe Unwissen oder gar Dummheit vorzuwerfen, wenn man in der unterlegenen Position ist und die eigenen Forderungen politisch nicht ausreichend bedient werden. Und wenn man dann die fehlende Ambition oder fehlende Solidarität, wie immer man es nennen mag, dieser undefinierten, vermeintlich oft älteren Gruppe als Grund dafür ausgemacht hat, ist diese Art von Entgegnung einfach nur kontraproduktiv. Genau dann stellt sich nämlich die Frage: Machen die es wirklich für uns alle oder nur für sich selbst, wenn es am Ende doch nur um Schuld geht?

Letztlich ist es ein großes Privileg, für seine Ideale als Aktivist arbeiten zu können. Aber es braucht eben mehr als Aktivisten, um große Pläne in die Tat umzusetzen. Revolutionäre Politik kann oder vielmehr muss – Überraschung! – auch im Prozess der Realpolitik stattfinden.

VON DER REALPOLITIK UND, NATÜRLICH, VON WILLY BRANDT

»Man kann sich frei von etwas fühlen, aber das würde bedeuten, dass jeder Freiheit eine Unfreiheit vorausgehen müsste.«   *Daniel Donskoy*[51]

Wissen Sie, wie sehr ich mich auf dieses Kapitel gefreut habe? Sämtliche Menschen in meinem Umfeld haben mir abgeraten, den Begriff, der jetzt kommt, zum Thema zu machen, weil allein sein Klang das Gegenteil von packend ist: die Realpolitik. Ich denke, es ist wichtig, kurz zu skizzieren, was es mit diesem Begriff überhaupt auf sich hat, warum er mir so am Herzen liegt, und weshalb wir uns heute dringend an ihn erinnern sollten. Was ist Realpolitik? Wo kommt sie her? Und was bringt sie denn nun wirklich, wenn man es ehrlich runterbricht?

In der deutschen Debatte ist der Begriff Realpolitik durchaus stigmatisiert, mit ihm wird Unambitioniertheit verbunden oder zu viel Sachlichkeit in Anbetracht einer großen Debatte. Im englischsprachigen Ausland ist dieser Begriff hoch geschätzt und viel gehasst, dementsprechend als politischer Katalysator etabliert. Ich denke, es ist höchste Zeit, ihn auch hier wieder in das Licht zu rücken, das er verdient. Nicht umsonst hat er unser Land als politisches Mittel tief geprägt.

Beginnen wir mit dem Ursprung dieses Begriffes – also dem praktischen Teil, nicht dem theoretischen. Wie Realpolitik in der politischen Wirklichkeit funktionieren kann, zeigte als Erster Otto von Bismarck. Sein Name prägt den Begriff bis heute. Über Bismarck wird unter Historikern immer noch viel diskutiert. Die Frage, in welcher Weise er die Politik bis 1945 beeinflusste, ist dabei wohl der umstrittenste Punkt. Als politische Person lässt sich Bismarck vor allem als machtbesessen, intelligent und vergleichsweise einfallsreich charakterisieren. Er besaß eine rasche Auffassungsgabe, die diplomatische Entscheidungen erleichterte, und er hatte seine Impulsivität unter Kontrolle. Beides gehörte recht schnell zum politischen Kernhandwerk Bismarcks. Dass sein politischer Aufstieg von strategischen und höchst diplomatischen Entscheidungen wesentlich abhängen würde, war spätestens nach dem ereignisreichen Revolutionsjahr 1848 klar. Bismarck stand da an der Spitze der Gegenrevolution.

Was aber machte die Bismarck'sche Realpolitik aus? Zunächst arbeitete er sehr gezielt darauf hin, seine Person bei den hochkonservativen und stark gläubigen Christen des Landes zu etablieren. Diese entwickelten sich dann auch tatsächlich zu Freunden und Förderern Bismarcks, was ihm politisch großen Halt gab – letztlich auch, weil er treuer Diener des Hauses Hohenzollern blieb. Politisch blieb er vor allem: wandlungsfähig. Nicht das politische Ziel änderte sich, sondern die Wege, auf denen er diese langfristigen Ziele zu erreichen versuchte. Seine politischen Ambitionen glichen einem großen Puzzle, dem er nach Belieben und Möglichkeit immer ein weiteres Teil hinzufügen konnte. In Bismarcks Worten: »Die einzig gesunde Grundlage eines grossen Staates, und dadurch unterscheidet er sich wesentlich von einem kleinen Staate, ist der staatliche Egoismus und nicht die Romantik, und es ist eines grossen Staates nicht würdig, für eine Sache zu streiten, die nicht seinem eigenen Interesse angehört.«[52]

Bismarck war bei seinem Einzug in die zweite Kammer des Preußischen Landtages zunächst keineswegs die nationale Frage (Deutschland befand sich auf dem Weg zur Einigung und war mit der Klärung einer gemeinsamen Identität beschäftigt) als ganzheitliche wichtig, sondern die Sicherung der preußischen

Macht. Sein Blick für realistisch umsetzbare Ziele machte ihn nicht nur zum besten Redner seiner Zeit, sondern auch zum imposantesten – zwar konservativen, aber durchweg realpolitischen – Parlamentarier. Vor allem Wandlungsfähigkeit und Flexibilität prägten den bereits 1850 benutzten Begriff der Realpolitik. Es ging im Kern schon früh um die Parameter des Möglichen. Ich habe Situation X und das Ziel Y – welche Wege stehen mir realistisch gesehen zur Verfügung? Bismarck nannte das die Fähigkeit, in Alternativen denken zu können: genau zu wissen, in welche Richtung man wolle, immer wieder die Situation abschätzen und auf passende Gelegenheiten warten. Das heißt im Prinzip auch, dass politische Pläne in einer Sackgasse enden müssen, wenn sie nicht auf das richtige Ziel hinausgehen. Fast so, als würde man ständig an jeder Weggabelung diskutieren, ohne dass man merkt, dass man schon längst in die falsche Himmelsrichtung unterwegs ist. Die Peilung nie zu verlieren, ist Bismarck übrigens – Überraschung – auch nicht immer gelungen. »Es hieße, das Wesen der Politik zu verkennen [...], wollte man annehmen, ein Staatsmann könne einen weitsichtigen Plan entwerfen und sich als Gesetz vorschreiben, was er in einem, zwei oder drei Jahren durchführen wolle.« Der Staatsmann sei wie der »Wanderer im Walde, der die Richtung seines Marsches kennt, aber nicht den Punkt, an dem er aus dem Forst heraustreten wird. Ebenso wie er muss der Staatsmann die gangbaren Wege einschlagen, wenn er sich nicht verirren soll.« Mit Blick auf seine historische Außenpolitik hieß das für ihn auch: »Irrtümer in der Kabinettspolitik der großen Mächte strafen sich nicht sofort, weder in Petersburg noch in Berlin, aber unschädlich sind sie nie. Die geschichtliche Logik ist noch genauer in ihren Revisionen als unsere Oberrechenkammer.«

Wieso seine Amtszeit trotzdem als berechtigtes Gründungsbeispiel der Realpolitik taugt, liegt in seinem so simplen wie stringenten Prozess von Zielsetzung und Ausführung begründet. Wichtig sind da natürlich die Motive. In jenem Falle war Bismarck durchaus nationalistisch getrieben, der Zeit entsprechend auch rassistisch und sexistisch. Er nutzte die Realpolitik nicht zum Aufbau der Demokratie oder ihrer Stärkung. Denn sowohl Konservative als auch Liberale, und schon gar nicht die Sozialdemokraten, konnten inhaltlich wirklich etwas mit seiner Politik anfangen. Bismarck wechselte die Strategie so, dass sie sich dem Ziel anpasste, rigoros, politisch makaber fast. Sie war macht- und friedenspolitisch zentriert, was die Außenpolitik in den Fokus brachte, in einer Zeit, die Grenzen und Nationalität noch definieren würde, auf teils tragische Weise.

Wikipedia beschreibt Bismarck übrigens als Begründer des Sozialstaates der Moderne – was etwas ironisch ist, bekämpfte er letztlich doch die politischen Kräfte, die die Sozialpolitik überhaupt erst auf die Agenda gebracht hatten. Die sogenannten Sozialistengesetze Bismarcks sind in Bezug auf die vorangegangene Einordnung durchaus wichtig, um die strategische Realpolitik Bismarcks von jener, die in der Geschichte der Demokratie wirklich etwas geleistet hat, und die ich in diesem Buch als mögliche Lösung unserer gesellschaftlichen Stagnation anpreisen will, zu unterscheiden. Die sehr repressiv formulierten Sozialistengesetze wurden 1878 erlassen – in Gänze hießen sie eigentlich: »Das Gesetz gegen die gemeingefährlichen Bestrebungen der Sozialdemokratie«. Dieses galt, zwischendurch mehrfach verlängert, übrigens bis 1890 im Deutschen Reich. Durch das Gesetz wurden sozialistische, kommunistische und sozialdemokratische Gruppierungen verboten, mit der Begründung, dass sie den Umsturz der bestehenden Staats- und Gesellschaftsordnung zum Ziel hätten. Die Sozialdemokratie verlagerte sich somit in den Untergrund – bis auf die Parlamentarier, aufgrund ihrer Immunität.

Was doch eine durchaus passende Überleitung zu jenem Politiker ist, dessen Name Sie hoffentlich bereits im Titel des Kapitels entzückte. Dies wird sicherlich keine Ode an den Sozialdemokraten Willy Brandt, dafür ist das hier der falsche Ort – aber es gibt niemanden, an dem man die Wirksamkeit der Realpolitik besser erklären könnte als an dem ersten Bundeskanzler, den die SPD je stellte. An Brandt lässt sich vor allem gut nachzeichnen, was Kontext, Sozialisierung und Intention bedeuten – letztlich aber auch demokratischer Mut.

Willy Brandts Lebensgeschichte ist – entschuldigen Sie die Aufdringlichkeit dieser Floskel – wahnsinnig interessant. Man muss sie kennen, um seine Politik genau betrachten und beurteilen zu können. Brandt wurde kurz vor Ausbruch des Ersten Weltkrieges geboren, als Herbert Ernst Karl Frahm, ein uneheliches Kind, evangelisch getauft. Hineingeboren in das Lübecker Arbeitermilieu. Brandt kennt seinen Vater nicht, die Mutter nennt er später »die Frau, die seine Mutter war«. Mit sechzehn tritt er in die von der Weimarer Republik schwer gezeichnete SPD ein. Nach der Machtergreifung Hitlers und dem Übergang zur Diktatur flieht er nach Skandinavien, zunächst nach Norwegen. Willy Brandt wird zu seinem Decknamen. Von dort aus beginnt sein politischer Kampf gegen das NS-Regime.

Kurz vor Ausbruch des Zweiten Weltkrieges wird Brandt von den Nationalsozialisten ausgebürgert. Während des Krieges führt seine Reise weiter nach Schweden, wo er weiterhin Widerstand gegen Hitler organisiert. Nach Kriegsende kehrt Willy Brandt zurück nach Deutschland. Seine berufspolitische Karriere beginnt im Jahre 1948, natürlich für die SPD. Neun Jahre später ist Brandt der Regierende Bürgermeister Berlins. Er erlebt die frühen Krisen West-Berlins bis hin zum Beginn des Mauerbaus, erfüllt von dem Willen, die Freiheit der geteilten Stadt zu verteidigen. Brandt zeigte sich stets als Mensch mit klarer Haltung, was auch schon sein politisches Hauptziel skizziert. So sagt er im Jahre 1955: »Diktatur bleibt Diktatur. Ausbeutung bleibt Ausbeutung. Unser Platz aber ist und bleibt auf der Seite der Freiheit und des sozialen Fortschritts, des Ringens um soziale Sicherheit und Vermenschlichung der menschlichen Gesellschaft.«[53]

1961 und erneut 1965 wird Brandt Kanzlerkandidat der Sozialdemokraten. Die SPD wählt ihn 1964 auch zum Bundesvorsitzenden der Partei. Zwei Jahre später wird er nicht nur Außenminister, sondern auch Vizekanzler in der Großen Koalition unter Kurt Georg Kiesinger.

Die Bundestagswahl 1969 ist dann historisch und zieht einen politischen Machtwechsel nach sich: eine Koalition zwischen SPD und FDP, ein sozialliberales Bündnis, mit Willy Brandt als erstem sozialdemokratischen Bundeskanzler.

Damit begann eine neue politische Ära. Der veränderte Parameter (in Bismarcks Vokabular) eines demokratisch gewählten Kanzlers, der nationalistische wie kriegsversierte Politik hinter sich ließ und stattdessen eine Koalition bildete, die bis dato nicht existierte – das setzte durchaus eine neue Definition von Realpolitik voraus, und von dem, was politisch jetzt möglich war.

Höchst interessant ist Brandts erste Regierungserklärung im Bundestag, im Oktober 1969: »Wir stehen nicht am Ende unserer Demokratie, wir fangen erst richtig an.« Ein Satz, der aus heutiger Sicht vielleicht naiv und inhaltslos scheinen mag, dessen politische Dimension aber kaum zu überschätzen ist. Aus Brandts Mund erklang in jenem Jahr schon sein realpolitisches Ziel: die Festigung der Demokratie. Brandts berühmt-berüchtigter Ausspruch »Mehr Demokratie wagen« kann vielleicht als der erste hohe realpolitische Ansatz der Bundesrepublik gewertet werden. Dieser Satz, den Konservative heute sicherlich ohne mit der Wimper zu zucken unterschreiben würden, brachte die damalige CSU-Hauptfigur Franz Josef Strauß an seine Grenzen im Parlament.

Die Stimmung, Aufbruch, Zielsetzung und die Progressivität, die er ausstrahlte, ließen Brandt von Beginn an als realpolitischen Visionär erscheinen. Der Aufbruch wird übrigens auch mit dem langfristigen Ziel verbunden, die Demokratie aus der Hand der vielen, nie entnazifizierten Beamten zu nehmen. Selbst der Bundeskanzler a. D. Kurt Georg Kiesinger war noch NSDAP-Mitglied gewesen. Man kann sich vorstellen, dass Brandt sich damit nicht unbedingt viele Freunde machte, im Gegenteil: Er wurde von Beginn an vielerorts als feiger, unpatriotischer Mann aus dem Exil abgestempelt. Das legt übrigens auch das historische Verständnis von Nationalismus gut dar. Brandt als der gezeichnete Mann aus dem Exil, der sein Vaterland verraten haben soll. All diese Punkte zu übergehen und als politische Figur für sich zu stehen, war der realpolitische Mut Willy Brandts. Es war das zunächst Mögliche. Und das nächste Mögliche sollte dann die innere Reform sein, um das gesetzte Ziel der gefestigten Demokratie zu verwirklichen.

Demokratische Gesinnung musste in Deutschland auch mehr als zwanzig Jahre nach Kriegsende noch etabliert werden. Dass die Deutschen darauf Lust hatten und dieses langfristige Ziel durchaus attraktiv fanden, zeigt zunächst Brandts Wiederwahl bei der vorgezogenen Bundestagswahl 1972. Es wurde sogar die höchste Wahlbeteiligung aller Zeiten verzeichnet: 91,1 Prozent der Bevölkerung gingen zur Wahlurne, und die SPD fuhr das beste Ergebnis aller Zeiten ein. Es begann die Zeit der Sozialdemokraten, die vor allem eine Rolle einnahmen: die der Vermittler. Brandt nahm diese Rolle insbesondere als Europäer und deutscher Patriot an, er verkörperte die Waage zwischen dem Möglichen und idealistisch Gewollten, besonders aufgrund seiner eigenen Sozialisierung, seiner Lebensgeschichte. »Ich fühle mich Norwegen mit tausend Banden verbunden, aber ich habe niemals Deutschland – das andere Deutschland – aufgegeben. [...] Der Tag wird kommen, an dem der Hass, der im Krieg unvermeidlich scheint, überwunden wird. Einmal muss das Europa Wirklichkeit werden, in dem Europäer leben können.«[54]

Diese Rede zeigt durchaus auch das Talent, zu wissen, wen man nicht als absoluten Feind heranziehen sollte, wie man das Kollektiv mitnimmt. Auch wusste er sehr genau, was die eigenen realpolitischen Startvoraussetzungen waren, wie dieser Ausschnitt seiner ersten Regierungserklärung andeutet: »Unser Respekt gebührt dem, was in den vergangenen Jahren geleistet worden ist – im Bund, in den Ländern und in den Gemeinden, von allen Schichten unseres Volkes. Ich nenne die Namen Konrad Adenauer, Theodor Heuss und Kurt Schumacher stellvertretend für viele andere, mit denen die Bundesrepublik Deutschland einen Weg zurückgelegt hat, auf den sie stolz sein kann. Niemand wird die Leistungen der letzten zwei Jahrzehnte leugnen, bezweifeln oder geringschätzen. Sie sind Geschichte geworden. [...] Die strikte Beachtung der Formen parlamentarischer Demokratie ist selbstverständlich für politische Gemeinschaften, die seit gut hundert Jahren für die deutsche Demokratie gekämpft, sie unter schweren Opfern verteidigt und unter großen Mühen wieder aufgebaut haben. Im sachlichen Gegeneinander und im nationalen Miteinander von Regierung und Opposition ist es unsere gemeinsame Verantwortung und Aufgabe, dieser Bundesrepublik eine gute Zukunft zu sichern.«

Zu den Startaufgaben gehörte auch, die historisch stark belastete Schuldfrage diplomatisch anzugehen, gleichzeitig aber dafür zu sorgen, dass sie keineswegs als polarisierendes Politikum die Debatten dominiert. Brandt: »Die Deutschen müssen Verantwortung tragen. Verantwortung ist jedoch nicht dasselbe wie Schuld. Diejenigen, die sich nicht schuldig fühlen und an den nazistischen Verbrechen nicht schuld sind, können sich gleichwohl nicht den Konsequenzen einer Politik entziehen, der sich ein allzu großer Teil desselben Volkes bereitwillig angeschlossen hatte.«[55] Die Etablierung dieses Verständnisses ist Brandt gelungen, zeigen die demokratischen Fraktionen doch stets gern auf das große Werk von Brandt in der Ostpolitik.

Die Ostpolitik: Ein für realpolitische Möglichkeiten äußerst interessantes Spannungsfeld. Links und rechts haben wir klare, durch ideologische Vorstellungen geprägte Präferenzen, in der Mitte aber eine Mehrheit fernab der Polarisierung, getrieben von menschlichen und emphatischen Argumenten, die in der Öffentlichkeit aber politisch geframt und dementsprechend nicht unbedingt klar ausgesprochen wurden. Da kann Realpolitik auch mal die Rolle spielen, in einem verhärteten Diskurs diese Dinge zur Sprache zu bringen. Im Ganzen ist die Ostpolitik Brandts dann ein Musterbeispiel für realpolitisches Ertasten in der Demokratie: Das Fundament, das bis dato vorhanden war, stammte von Adenauer.

Auch Adenauer versuchte sich an Verständigungspolitik, diese wurde aber, rückblickend vor allem aufgrund machtpolitischer Farcen, nicht aufrechterhalten. Es lagen also die Erfahrung der Verständigung und zahlreiche Krisenerfahrungen vor. Aber auch die Gewissheit, dass es Annäherung geben kann. Adenauer hat letztlich die Westbindung durchgesetzt – um den Preis der Neutralität. Die sechziger Jahre sind dann geprägt von Zaghaftigkeit, Mangel an Mobilität und schlicht zu wenigen Plattformen, um ins Gespräch zu kommen und sich zu verständigen. Erschwert wurde das natürlich auch durch die sogenannte Hallstein-Doktrin. Diese außenpolitische Richtschnur besagte, dass diplomatische Beziehungen zwischen der DDR und anderen

Staaten als unfreundlicher Akt gegenüber der Bundesrepublik aufgenommen wurden. Erst der Prager Frühling öffnete die realpolitische Pforte einer Annäherung wieder.

Das, was Willy Brandt gemeinsam mit Egon Bahr darauf folgen ließ, bildet aus heutiger Sicht ein eigenes, ganzheitliches politisches Ziel. Brandts Verständnis des Begriffes Demokratie war dafür prinzipiell eine gute Grundvoraussetzung. »Wandel durch Annäherung« ist schon sprachlich sehr zärtlich und vorsichtig, trotzdem keine politische Kleinigkeit. Was Brandt und Bahr wollten, war ein Entspannungskonzept. Ein wichtiges politisches Instrument war, sich nur darauf zu konzentrieren, was einen miteinander verband. Als Nenner für eine solche Gemeinsamkeit kamen vor allem Friedenssicherung und Humanität infrage. Beides Themen, die als durchaus unpolitisiert gelten konnten und auch so aufgenommen wurden.

Welche realpolitischen Möglichkeiten lagen zunächst vor? Gespräche, Annäherung und Augenhöhe. Darauf folgten die Ostverträge 1970 – politische Annäherungen und Kompromisse, die aufeinander aufbauten, nicht zu rabiat, nicht zu überambitioniert, sondern mit Blick auf die politisch real umsetzbaren Umstände. Mit der damaligen Bedeutung und dem Kontext des Schuldbegriffes ist Brandt dann symbolisch auch clever umgegangen – der Kniefall von Warschau war eine so hochemotionale Geste, dass sie überparteilich relevant war und ist.

Brandts persönlicher emotionaler Idealismus in Hinblick auf die Ostdiplomatie hatte dann aber auch dramatische Folgen. Die sogenannte Guillaume-Affäre zwang ihn 1974 zum Rücktritt. Ein DDR-Spion hatte sich jahrelang in der nächsten Nähe des Kanzlers aufhalten können. Brandt zog die Konsequenzen, verkündete eigenständig seinen Rücktritt – und trug die Verantwortung dieses Vorfalls. Er war davon ausgegangen, dass der bereits länger im Raum stehende Verdacht der Spionage nur geäußert wurde, weil sein persönlicher Referent Günter Guillaume aus der DDR stammte.

Historisch kann man zumindest festhalten, dass die Wiedervereinigung maßgeblich durch Brandt vorangebracht wurde und die Realpolitik bei politisch heiklen Angelegenheiten wirksam ist. Natürlich muss man – Stichwort Kontextualisierung – auch sagen, dass Scheel und Brandt vom Schwung der goldenen Siebziger profitieren konnten. Ob der Fokus – mit Blick auf realpolitische Gegebenheiten – bei einer wirtschaftlich diffizilen Lage genauso hätte gesetzt werden können, lässt sich kaum beantworten. Ich fände es durchaus interessant zu sehen, wie ein Willy Brandt heutige Debatten wie die Energiewende oder die verspätete Aufarbeitung der Agenda 2010 vollendet hätte, als politischer Akteur.

Realpolitik, so lässt sich zusammenfassen, ist jene Politik, auf der die Demokratie letztlich fußt. Keine Wertegemeinschaft dominiert in den meisten Fällen: Politische Absichten, so widersprüchlich sie auch sein mögen, prallen aufeinander, müssen nebeneinander Platz finden, und vor allem gemeinsam Lösungen für die Zukunft entwerfen und entscheiden, wie welche Ziele erreicht werden. Die Realpolitik ist ein Mittel zur raschen Entscheidungsfindung im Sinne des Kollektivs, sie sehnt sich nach großer Zustimmung. Denn ewige Streitereien will sie unter allen Umständen vermeiden. Damit ist keine Unterbindung der Meinungsfreiheit beabsichtigt, und schon gar nicht, dass angebrachte Kritik verstummen soll, sondern eher, dass der bestmögliche Kompromiss einen weiteren konstruktiven Diskurs ermöglicht. Das kann man jetzt auch Romantisierung von unambitioniertem Pessimismus nennen, aber hier geht es nicht um das Einzelne. Sondern um den Fakt, dass das Kollektiv in klaren politischen Werteorientierungen denkt. Ich werde niemals gleichzeitig sowohl einen Liberalen als auch einen Linken bei mehr als zwei politischen Themen zufriedenstellen können. Und absolutistisches Gehabe einer Seite funktioniert in Demokratien nun mal nicht.

Die Realpolitik muss man von jeglicher Werteorientierung abgrenzen, sie ist eher Methodik und Rationalität als eine politische Agenda, die sich an Werten ausrichtet. Realpolitik ist auf die politischen Werte und Meinungen anderer angewiesen. Sie ist nicht dazu da, die politische Ideengeschichte fortzuschreiben oder zu bereichern, sondern unterschiedliche Ansätze miteinander auszusöhnen. Im großen und kleinen Rahmen, genauso wie Sie in kleinen Gruppen ebenfalls bei Problemen eine gemeinsame Lösung finden wollen und nur im schlimmsten Falle, was sicher nie beabsichtigt ist, im Streit auseinandergehen. Dementsprechend gilt während realpolitischer Verhandlungen: Werte, in der Demokratie generell und konkret während popolitischer Entscheidungsfindungen, sind meistens verhandelbar, genau wie die Mittel, um sie umzusetzen. Denn: Am Ende geht es um das Ziel, um die Einigung.

Die Realpolitik steht durchaus in der Kritik, Minderheiten zu benachteiligen, weil sie sich stark nach der öffentlichen Meinung richte. Das aber ist ein Missverständnis. Realpolitik ist ein Prozess, der sich Stück für Stück Idealen nähert. Ihre politischen Entscheidungen sind Kompromisse, die meistens auf der Basis des letzten Kompromisses fußen. So viele aufeinander aufbauende Kompromisse, bis in die Ideologie des einen passt, was dreißig Jahre zuvor nicht vorstellbar gewesen wäre – und ein Sogeffekt erzeugt wird.

Ich erinnere mich gern an eine Politikerin der Linken, die mir mal sagte: »Alles, was Merkel sozialpolitisch in den sechzehn Jahren auf den Weg gebracht hat, haben Linke bereits vor vierzig Jahren gefordert.« Wir erinnern uns an folgendes Modell, das ich zu Beginn des Buches erwähnte und das die Realpolitik, die wir so dringend brauchen, so wunderbar illustriert: Die Idealisten fordern, die Konservativen stagnieren, wollen Altes bewahren – die Realiten fügen zusammen. Bilden sich so immer wieder neue Kompromisse, dann haben wir eine progressive Politik. Das Aufeinanderstoßen der Forderungen würde ohne die realpolitische Vermittlung ins Leere laufen, und die machtpolitischen Verhältnisse würden immer schlechter werden, besonders auch für die Minderheiten.

Man kann das Tempo dieser in der Realpolitik aufeinander aufbauenden Kompromisse durchaus als zu langsam bemängeln, aber rückschrittig bedeutet definitiv etwas anderes. Außerdem, und das liegt auch immer an den politischen Fragen der Zeit: Minderheiten können auch schnell mehrheitsfähig werden, wenn das Kollektiv mit einer neuen politischen Wahrheit konfrontiert wird. Ein ganz plakatives Beispiel stellt doch der Klimawandel dar, der sich zu einer akuten Klimakrise ausgewachsen hat. Sind wir ehrlich, welcher Idealist hätte denn noch vor zehn Jahren gedacht, dass Konservative je Bäume umarmen und die Klimakrise als genau das, was sie ist, bewerten?

Eine Zwischenbemerkung möchte ich mir hier übrigens erlauben. Der Spruch »Wer hat uns verraten? Sozialdemokraten!« ist mit Blick auf seine Historie und die maßgebliche Vermittlerrolle der Sozialdemokraten in seiner heutigen Verwendung mehr als unfair. Wo kommt der Satz überhaupt her? Kurz nach Ende des Ersten Weltkrieges, während der Novemberrevolution, warf ein Teil der Linken den Sozialdemokraten vor, den Sieg des Sozialismus verhindert zu haben. Es lässt sich darüber streiten, welche Entscheidung die bessere war: der Pakt mit der konstitutionellen Monarchie, der freie Wahlen und Demokratie ermöglichen sollte, oder der Versuch, den Sozialismus zur Staatsform zu machen. Diese Frage spaltete damals die Sozialdemokraten. Ich finde den Ausspruch – mit Blick auf die Realpolitik – höchst interessant, könnte man doch sagen, die SPD war scheinbar schon immer darauf bedacht, mit möglichst wenig Ärger den besten Kompromiss auszuhandeln, oder so ähnlich.

Gleiches gilt übrigens auch für Konservative. Das Verurteilen des Konservatismus als Ganzes ist natürlich Müll. Konservatismus gehört – und wird es auch weiterhin – zu den stabilen Ankern unserer Demokratie. Die Philosophie dahinter, Gutes, Altes, Struktur zu wahren und Modernes darin zu integrieren, ist zudem schlicht ein demokratisches Recht. Es braucht in großen Demokratien auch einen starken Konservatismus, ob er nun auf Religion fußt oder nicht. Die Bewahrung bestehender funktionierender, stabiler Zustände ist ein Anliegen, das die Interessen der Bevölkerung widerspiegelt. Die Bezeichnung konservativ entstammt übrigens den römischen Begriffen *conservator rei publicae* und *conservator populi*, was nichts anderes heißt als Erhalter des Staates oder Erhalter des Volkes.

Aus den politischen Richtungen plump richtig und falsch zu machen, ist nicht gewinnbringend und schon gar nicht demokratisch. Andere Meinungen zu akzeptieren, ist es aber. Ich rede nicht von menschlichen Entwertungen oder rassistischen Entgleisungen, denn das passiert allen Parteien leider in unterschiedlichem Maße. Aber eine ganze Ideologie kann man nicht auf solche Dinge reduzieren, wenn sie denn vorkommen. Übrigens gehört zur konservativen Ideologie auch die Einsicht in die Unzulänglichkeit der menschlichen Vernunft. Eine durchaus gute Grundlage für die realpolitische Kommunikation.

Besonders abstrus empfand ich die Debatte, was denn junge Leute zu den Konservativen ziehen würde. Im Rahmen einer Recherche, die ich vor der Bundestagswahl machte, beschäftigte ich mich mit der Frage: Was wünschen sich junge Konservative? Es wird ja gern gesagt, die Jugend sei mehrheitlich grün oder links oder beides, jedenfalls stets im Rebellionsmodus – wo wir wieder bei dieser komischen Pauschalisierung und der Generationenfrage wären. Junge Konservative sind durchaus auch die Rebellierenden in ihrer Partei. Sie kritisierten etwa Armin Laschet und wünschten sich Friedrich Merz.

Die Essenz meiner Recherche war vor allem: Ihnen geht es um zwei Dinge. Erstens, die ideologische Überzeugung, dass konservative Stabilität das Richtige und Wichtige sei – sowohl christlich geprägt als auch vor atheistischem Hintergrund. Zweitens, die politische Teilhabe nicht akademischer Menschen, also solcher aus Handwerksberufen, und generell jener, die sich lokal engagieren. Sie haben das Gefühl, dass Debatten zu groß geführt werden, dass viele Leute vergessen werden. Die sich dann im Konservativen jene Sicherheit suchen, die sie vermissen. Der Verruf des Konservativen führt dann aber auch zur Wut auf dieser Seite und dem Gefühl, Kommunikation sei prinzipiell nicht wirklich möglich.

Die Pauschalisierung, die die Konservativen erfahren, sehe ich durchaus problematisch. Es braucht in einer demokratischen Gesellschaft immer Konservative, gerade jene, und mit Blick auf die Union würden mir da viele Namen einfallen, die rechte Ideologien vehement ablehnen. Mit dieser Pauschalisierung, dass Konservatismus immer rechts ist, verschließt man sich halt auch eine mögliche Mehrheit.

Da wären wir wieder bei dem großen Problem, dass politische Themen oft ideologisch gefärbt sind. Wie Rassismus. Solange die Meinung vorherrscht, dass es sich dabei um eine linke Ideologie handelt, mit der Folge, dass jede Initiative in diese Richtung, die von außerhalb des linken Spektrums kommt, nicht ernst genommen wird, wächst der Verdruss bei Konservativen gegenüber den selbsternannten Antirassisten. Dabei wären sie für das Thema zugänglich. Oder für damit verbundene Dinge wie Asylpolitik.

Mir begegnet immer wieder der Meinung, dass Konservative das Asylrecht mit Füßen treten würden, obwohl es ja ein Grundrecht sei. Dieses Wording, dass Konservative damit ihrem eigenen Anspruch, vor allem mit Blick auf das christliche Bild, nicht entsprechen, setzt sich fest. Weil man auch überhaupt nicht miteinander spricht und Definitionen als unantastbar gelten. Was uns dazu führt, dass die essenzielle Kommunikation in der Realpolitik Türen öffnet. Dass man die Möglichkeiten ausdehnen kann, ohne dass man das Ziel aus den Augen verliert. Der gute Kompromiss.

Was Realpolitik kann, ist deshalb wichtig zu betonen, weil oft behauptet wird, dass Realpolitik vorab definiere, was möglich sei, und das dann als einzige Option präsentiert werde. Kurz gesagt: Realpolitik mache sich unangreifbar, weil sie per definitionem stets das vermeintlich Beste rausholt, was realistisch möglich ist. Realisten haben den Anspruch, ihre Umwelt nüchtern und objektiv zu betrachten und nicht subjektiv und emotional. Das setzt voraus, auch andere Perspektiven mit einzubeziehen und verstehen zu wollen. Ob das jene sind, die grüne Realpolitiker zu assimiliert an den Konservatismus finden, oder Journalisten, die sauber herausarbeiten, was noch möglich gewesen wäre. Dementsprechend liegt der Verwendung des Begriffes aber auch eine große Verantwortung bei.

Wo findet sich denn diese realpolitische Mitte? Zunächst muss man sich darüber bewusst werden, dass Realpolitik keiner Partei zugeschrieben werden kann. Grüne können sie genauso vorantreiben wie Politiker der CDU oder FDP. Zweitens, und das ist der Knackpunkt: Wann bezeichne ich etwas so, und wie häufig verwende ich das Wort? Inflationär? Verantwortungsbewusst? All diese Faktoren fließen auch darin ein, wie Realpolitik agiert und zu agieren hat. Denn diese Wertungen bestimmen auch das realpolitische Machtgefüge, und wem wir es zutrauen, sie zu betreiben – denn es ist ja ein demokratisches Kompliment, als re-alpolitisch visionär zu gelten. Der Punkt, dass alle Politiker ihre Politik realistisch nennen, ist auch nur teils berechtigt. Denn ein Linker kritisiert ja nicht das System, weil er denkt, dass es jetzt sofort zu verändern wäre. Sondern er denkt in einer radikalen Abwägung: Wenn wir X verändern, dann passiert Y, sofort. Lin-ke nennen sich praktisch nie Realpolitiker und bedauern lieber, dass viele notwendige Dinge ja leider nicht umsetzbar sind und dementsprechend ein radikaler Wechsel nötig ist. Konservative sprechen auch dann von Realpolitik, wenn sie abwiegen, was sie wollen und was möglich ist. Das sehen Linke dann anders – und hier hakt sich die realpolitische Mitte ein.

August Ludwig von Rochau, Politiker und Autor der *Grund-sätze der Realpolitik*, beschrieb ebendiese 1850 übrigens auch als die Ambition, weniger Theorie und mehr praktische An-wendung anzustreben. Man solle doch auf Konzepten aufbauen, die die derzeitigen politischen, das heißt realpolitischen, Um-stände akzeptieren und darauf fußen. Das heißt übrigens nicht, dass etwas, das nicht direkt als realpolitisch beschrieben oder geframed wird, irreal ist. Es können Dinge auch der Realpolitik gemein gemacht werden, angepasst, oder sich eben, wenn Kom-promisse aufeinander aufbauen, einfach fügen.

Die größte Realpolitikerin unserer Zeit ist natürlich – große Überraschung – Angela Merkel. Klammern wir hier mal die radikale Atomentscheidung von 2011 aus, hat Angela Merkel einen meist realpolitischen, kompromissbasierten Politikstil gepflegt. Ob diplomatische Interventionen in der Geflüchteten-debatte oder in der europäischen Finanzpolitik. Die Badische Zeitung nannte sie schon kurz nach ihrem Amtsbeginn 2006 eine Realpolitikerin.[56] Pragmatismus und nicht immer nur be-dacht zu sein auf das Image der eigenen Partei – das macht gute Führungsfiguren in der Demokratie aus. Und die braucht man übrigens wirklich immer, jeder Kritik zum Trotz, dass Einzelne nicht so wichtig sein sollen, nicht im Vordergrund stehen sollten. Wirklich. Realpolitik hängt an guten Führungsfiguren.

WIESO ES GUTE FÜHRUNGSKRÄFTE BRAUCHT – UND REPRÄSENTATION IN DEN PARLAMENTEN

»We have a lot of work to do to rebuild trust [...] I have never thought about my age or gender. I think of the reasons I got into politics and those things for which we have won the trust of the electorate.« *Sanna Marin*[57]

»Führungsfigur« ist kein schönes Wort. Es hat aufgrund der deutschen Geschichte berechtigterweise einen schweren, negativen Beigeschmack. Eigentlich ist es kaum möglich, es – positiv mag ich gar nicht schreiben – neutral zu lesen oder zu hören. Der Politologe Douglas Chacón hat den Begriff »Führung« mal wie folgt beschrieben: »Führung bedeutet, die Geschicke einer Gesellschaft zu beeinflussen.«[58] Das ist per se nichts Negatives, aber Führung kann eben auch missbraucht werden und in Diktatur münden, wenn sich eine Führungsfigur über jegliche demokratische Ordnung hinwegsetzt. Die Selbstbezeichnung Adolf Hitlers als Führer kennzeichnet die dunkle Seite dieses Wortes.

Menschen in politischen Führungspositionen übernehmen Verantwortung: sowohl für ihre Handlungen als auch in Hinblick auf die Forderungen jener, die sie wählten – sogar mit Blick auf die Menschen, die andere wählten. Denn sie sollen alle repräsentieren. Führungskräfte zeichnet meist aus, dass sie genau wissen, wo die inhaltlichen Präferenzen ihrer eigenen Partei und deren Mitgliedern liegen. Sie identifizieren sich mit der inhaltlichen Linie der Partei – sie glauben auch, dass ihr Standpunkt wichtig und per se der richtige ist. Sie verfolgen dabei auch die Absicht, ihre eigenen Werte an die Partei zu binden, an ihre Mitglieder, und dann an ihre Wähler. Das funktioniert dann gut, wenn die Führungsfiguren diese nicht nur kommunizieren, sondern auch eine transparente und effektive Politik betreiben.

Der *Spiegel* titelte mal: »Demokratie braucht Populismus«. Damit ist keineswegs gemeint, dass wir populistische Meinungen brauchen, die die Polarisierung der Gesellschaft provozieren wollen. Führungsfiguren brauchen aber populistische Fähigkeiten, die sie im Dienst der Demokratie einsetzen. Solche Menschen brauchen wir durchaus. Henrik Müller schrieb in dem Artikel: »Wir würden blutleere Diskussionen führen, Technokraten würden den Ton angeben, die Bürger blieben unbehelligt von den großen politischen Fragen – und damit ausgesperrt von jeder Debatte. Erst durch Vereinfachung und Zuspitzung werden komplexe Themen zugänglich für weite Teile der Bevölkerung.«[59]

Natürlich sind Populismus und Machtmissbrauch sich nah, und prinzipiell ermöglicht das eine das andere. Aber Machtmissbrauch wird meist auch gestraft, nämlich dann, wenn unser Kollektiv keine Lust mehr auf gewisse Cliquen oder Gruppen von Politikern hat. Was nicht heißt, dass Machtpolitiker in solchen Positionen nicht auch Schaden anrichten. Aber auch sie, die ohne eine Portion Narzissmus nie so weit oben stehen würden, haben ihre Position erreicht, weil sie Werte vermitteln können und Kompetenz ausstrahlen. Das miteinander zu verbinden, ist für viele Politiker nicht einfach, und die Macht des Populismus hat schon viele aus der Bahn geworfen.

Ein gutes Beispiel ist die Kanzlerkandidatin der Grünen Annalena Baerbock. Bereits vor der Kandidatur wurde viel gerätselt, was für eine Führung die Grünen – oder besser das Land, in dem die Grünen mit einiger Wahrscheinlichkeit wohl bald die Kanzlerschaft übernehmen würden – denn brauchen könnten. Am Tag, an dem Baerbocks Kandidatur verkündet wurde, drehten die Medien dann durch, ein Mix aus ungeahntem Frauenhass, übertriebenem Hype und Untergangsstimmung. Gute Führungskräfte können in Windeseile eine Menge auslösen.

Dieser neue realpolitische Faktor – eine Kanzlerkandidatin, die nicht Merkel heißt – überzeugte viele und löste geradezu eine Euphorie aus. Es wirkte, als würde es plötzlich eine neue politische Möglichkeit geben, die vorher nicht existiert hatte. Eine grüne Kanzlerin, eine Frau, das würde heißen, dass Merkel nicht die eine Frau bleiben würde, auf die ewig verwiesen werden würde, sobald das Geschlecht in der Politik diskutiert wird.

Der Faktor, dass es sich dabei zunächst bloß um eine Möglichkeit handelte, ist nicht zu unterschätzen. Und dann wurde er auch zerschlagen. Die Plagiate von Baerbock in ihrem Buch wurden zum populärsten Kritikpunkt. Jeder wusste es irgendwann. Hier kommen wir wieder zum geliebten Framing. Die Kombination linke, progressive Kanzlerkandidatin, verbunden mit den Wörtern »Betrug« oder »Plagiat« stoppten die machtpolitischen Ambitionen der Grünen abrupt. Die Fehlerdebatte wurde riesengroß geführt. Natürlich lässt sich darüber diskutieren, inwieweit das alles angebracht war, ob es unfair oder fair war.

Bei Armin Laschet war es im Übrigen ähnlich. Prinzipiell ist die Definition von Fehlern in der Demokratie immer abhängig von Faktoren der moralischen Wertung. Letztlich geht es darum, wie schlimm ein großer Teil der Bevölkerung eine bestimmte Sache findet. Und das wiederum, wie wir an den schwankenden Umfragewerten vor der Bundestagswahl sehen konnten, hat direkten Einfluss auf das Machtgefüge und die Frage, wen man in wichtigen Führungspositionen sehen mag. Auch hier finden Prozesse statt, bei denen Idealisten und Stagnierende ihre Ideale und Wertungen hochhalten und sich gegenseitig drangsalieren.

Daraus kristallisieren sich dann letztlich auch meist realpolitische Führungsfiguren.

Besonders in Deutschland haben wir das »Problem«, oder vielmehr die Tatsache, dass Parteipolitik doch letztlich von allen an ihren Führungsfiguren gemessen wird. Ironisch, fordern doch alle immer eine inhaltliche Debatte. Aber die Realität sieht anders aus: Wir lassen uns immer wieder dazu hinreißen, die aktuelle Lage mit Blick auf die Führungsfiguren zu bewerten. Was wiederum zeigt, wie symbolisch wichtig sie in Debatten sind. Denn aus guter Führung schließen wir fast automatisch auch auf inhaltlich gute Politik. Genauso wie schlechte Politik gleichgesetzt wird mit schlechter Führung.

Gerade die Union, explizit die CDU während ihres Selbstfindungsprozesses, ist da ein gutes Beispiel. Sie hatte es aufgrund der fehlenden Führung schwer, eine inhaltliche, gute, verbindende Linie zu finden, geschweige denn nach außen transportieren zu können. Das ist natürlich auch eine Nachwehe des Abgangs einer Führungsfigur, die für sich steht, gewesen, wie es hier mit Angela Merkel der Fall war. Denn an Figuren wie ihr macht die Gesellschaft oft Vertrauen und Stabilität fest, die pauschale Annahme, dass alles halbwegs funktioniert.

In der Konsequenz heißt das natürlich auch, dass schlechte Führung von Führungspersönlichkeiten sich negativ auf die Gesellschaft auswirkt. Denn die Parteien sitzen im Bundestag, sie regieren in Bundesländern, und ihre Uneinigkeit wirkt sich auch auf die Politik aus. Personaldebatten verschieben zwangsläufig auch Themen, die nicht unbedingt sexy sind. Horst Seehofer bedauerte nach der Misere der Wahlniederlage bei der Bundestagswahl auch, keine Sozialpolitik für die »kleinen Leute« gemacht zu haben.

Bei Führungsfragen kann man sich eben auch verrennen in vermeintlich relevanten Debatten, die die Gegner dann aufgreifen und dominieren. Das haben die Sozialdemokraten bei der letzten Bundestagswahl sicher genutzt. Was nicht automatisch heißt, dass die SPD die beste Führungsfigur aufgestellt hat. Aber die letzte Bundestagswahl mündete nun mal hauptsächlich in der Frage, wer das Zeug dazu hat, Angela Merkel zu beerben. Infrage kamen Scholz, Baerbock und Laschet. Wen sieht man nun als guten Kanzler und somit Vermittler in Krisen, wer wird sich gut auf dem internationalen Parkett schlagen? Kann man jemanden wie Laschet neben Macron stellen? Wie macht sich Baerbock neben Putin? Kann Olaf Scholz uns neben Joe Biden repräsentieren? Was passiert, wenn weitere Flüchtende nach Europa kommen, Stichwort Klimaflucht, wer kann da rational und gut entscheiden, führen?

Dann geht es wieder um kleine Fragen, dann werden Nischen diskutiert – und am Ende Personen anhand von Kleinigkeiten charakterisiert. Politiker sind nun mal auch komplexe, emotionale Wesen, die Fehler machen, das vergessen Sie und ich, wir, die Presse, die Politik selbst. Das liegt zum einen an der immensen Verantwortung, aber auch an der wachsenden Komplexität an Anforderungen, die Führungsfiguren vor allem zu bedienen haben. Debatten werden dann auch rein ideologisch geführt, viele kleine Punkte summieren sich zu einer riesigen Kritik, mit dem Nebeneffekt, dass stets die Führungsfiguren schuld sind. Darauf lässt man sich als Person, die die Ambition hat zu führen, halt auch ein. Auch darauf, wie der öffentliche Diskurs individuelle Fehler mit Blick auf die jeweiligen Parteien anders wertet. Das könnte man rückblickend über den ehemaligen CDU-Parteichef Armin Laschet auch sagen. Zunächst die Corona-Politik, dann der Lacher, dann der öffentliche Machtkampf mit CSU-Chef Markus Söder.

Obwohl Laschet bereits machtpolitisch etabliert war, demontierte ihn das als Führungsfigur. Subjektive Fehler paarten sich mit fehlender inhaltlicher Überzeugung. Ebenso wie Baerbock schlug ihm richtiger Hass entgegen. Sexistisch wurde er genannt, eine Kampagne, Hetze. Auch Markus Söder könnte Ähnliches erzählen. Ich kann mich an wenige erinnern, die etwas anderes in ihm gesehen hätten, als einen Narzissten und großen Kalkulierer, gerade auch medial. Das wiegt aber nicht so schwer. Nicht mal, wenn Söder öffentlich über seine Morddrohungen spricht. »Selbst schuld«, denken dann viele, weil Idealismus wichtiger ist als Mitgefühl.

Seien wir ehrlich: Der Diskurs wäre viel stärker, und die Entscheidung, wer denn jetzt für eine Führungsposition geeigneter ist, deutlicher, wenn solche sachlichen Nachfragen während der Bewertung die Basis bilden würden. Übrigens wäre die Debatte bei einem Kanzlerkandidaten Habeck ähnlich harsch ausgefallen, nur dass der geballte Frauenhass nicht dabei gewesen wäre. Das Narrativ, Habeck sei ein Charismatiker, der inhaltlich nichts draufhabe, konnte man bereits ahnen, als die Frage noch offen war, wer nun Kanzlerkandidat werden soll. Aber Führungsfiguren brauchen zunächst genau das: die Begeisterungsfähigkeit der Öffentlichkeit. Das kann Progressivität sein, Sicherheitsgefühl, Zusammengehörigkeit oder auch vermeintliche Augenhöhe. Da war bei der letzten Wahl sicherlich einiges an Potenzial, ob bei Robert Habeck, Annalena Baerbock, Olaf Scholz, Armin Laschet oder auch Markus Söder. Letzterer kennt sich mit der Faszination von Führungsfiguren in Wahlkämpfen übrigens besonders gut aus. Auch hier wäre rückblickend sehr interessant gewesen, welche Kritik und Wahrnehmung ein Kanzlerkandidat Söder ausgelöst hätte. Vielleicht kommt das noch – auch Habeck werden wir als Führungsfigur in nächster Zeit weiter beobachten können.

***

Gute »Leader« oder »Leadership« gibt es auch im Ausland (bitte entschuldigen Sie die neudeutsche Start-up-Sprache, ich muss beim Begriff Führung einfach immer überlegen, welche anderen Begriffe das besser definieren können). Auf europäischer Ebene ist unter anderem die finnische Ministerpräsidentin Sanna Marin ein interessantes Beispiel. Marin wurde am 10. Dezember 2019 die neue Regierungschefin Finnlands. Die Sozialdemokratin war zu diesem Zeitpunkt 34 Jahre alt – und vorher Verkehrsministerin gewesen. Die Regierungskoalition besteht aus Sozialdemokraten, Grünen, der sozialliberalen Schwedischen Volkspartei (die schwedische Minderheitsvertretung im Land), Linken und dem rechtsliberalen Zentrum.

Das Interessante dabei: Marin hatte nicht viel Zeit, in ihre neue Rolle zu schlüpfen, es ging darum, sofort etwas zu machen, als Führungsfigur zu funktionieren und senden zu können. Auch eine realpolitische Option, die neue Weichen stellte: Marin war da und machte. Die Fragen, ob und wie Frau sie ist, wurden zwar gestellt, aber Marin gelang es, das abzuschütteln. Sie gilt als ambitioniert, stellte etwa die Forderung, die Arbeitszeit zu verkürzen – trotz ihres sehr realpolitisch fundierten Koalitionsbündnisses. Es ist ihre fundierte Gewissheit des Möglichen, die überzeugt: wie man die Debatte lockert, indem man einfach mal so was fordert. Realpolitische Möglichkeiten folgen dann oft einfach.

Die Ergebnisse der Realpolitik können dann übrigens auch internationale Grenzen überspringen: Ein prominentes Beispiel ist da der Vorschlag von Sanna Marin, die Arbeitswoche auf vier Tage zu verkürzen, die dann unter anderem bei den deutschen Sozialdemokraten durch Hubertus Heil mit in die Debatte einflossen.

Als nicht europäisches Beispiel könnte man hier auch die neuseeländische Regierungschefin Jacinda Ardern nennen, die mit ihrem an »Kindness« orientierten Führungsstil neu definierte, wie sozialdemokratische Führung in Koalition mit anderen aussehen kann, ohne dass man sich lediglich auf Ideologie fokussiert. Sondern mit einer Mischung aus starkem Auftreten, neuen Impulsen und Sicherheit – was nicht heißt, dass es in Neuseeland oder Finnland keine Debatten geben würde, dass es dort keine Identitätskrisen und -kriege geben würde. Marin und Ardern bringen uns zurück zum Beispiel Willy Brandt: die Sozialdemokratie kann durchaus die kommunikative Rolle übernehmen, die wir in der Gesellschaft brauchen. In Europa sind derzeit nur fünf Regierungen im Amt, bei denen Sozialdemokraten beteiligt sind. Aber auch die Rolle der Liberalen in Frankreich oder den Niederlanden ist in dieser Hinsicht spannend. In Deutschland begleiteten Bundeskanzlerin Merkel, Christdemokraten und Christsoziale sechzehn Jahre lang den realpolitischen Kompromiss. Die Parteien der Mitte sind also alle fähig dazu.

Ein Problem in der Debatte rund um gute Führung ist auch, dass wir damit immer etwas Neues assoziieren, von unbeschriebenen Blättern sprechen. Stets etwas nie Dagewesenes als Politiker einzufordern, ist fatal und auch ein wenig dystopisch oder utopisch, je nachdem. Wir können nicht davon sprechen, dass Weiterentwicklung das Lernen aus Fehlern beinhaltet, und dann bei jedem Fehler eine komplette Erneuerung fordern.

Das erleben wir übrigens auch in der Klimakrise immer wieder. Meistens wird Kritik so formuliert, dass man annehmen könnte, dass einzelne Personen alles zu verantworten haben. Wir lassen in der Politik zu wenig Menschlichkeit zu, außer wenn wir ganz persönlich in richtig und falsch einteilen – allein der unverhohlene Hass auf Politiker, der ihnen im Internet entgegenschlägt, spricht Bände.

Ein Beispiel, wie Fehler und Lernfähigkeit zu guter Führung führen können, ist Christine Lagarde. Sie war von 2007 bis 2011 französische Finanz- und Wirtschaftsministerin, wurde zur besten Finanzpolitikerin der Eurozone gewählt und galt zeitweise als die zweitmächtigste Frau der Welt (laut der *Forbes*-Liste). Heute ist Lagarde die Präsidentin der Europäischen Zentralbank. Dabei hat sie keineswegs einen »unproblematischen« Weg hinter sich. Ein Beispiel reicht da auch schon: In ihrer Amtszeit als Ministerin in Frankreich hatte Lagarde sich zu schnell auf einen Vergleich mit dem Geschäftsmann Bernard Tapie eingelassen. Dadurch floss eine Entschädigungszahlung in Höhe von 403 Millionen Euro aus der Staatskasse an den ehemaligen Adidas-Besitzer. So wollte Lagarde einen weiteren Rechtsstreit verhindern. Zuvor hatte dieser Streit die staatliche Bank Crédit Lyonnais – und somit die Steuerzahler – hohe Summen gekostet. Diese Maßnahme brachte Lagarde jedoch ein Ermittlungsverfahren wegen Amtsmissbrauch ein, welches einige Jahre später in einem Schuldspruch mündete. Heute gilt Lagarde aufgrund ihrer diplomatischen und realpolitischen Art – mit Blick auf die Finanzkrise und nun im Amt als EZB-Chefin – als erfahrene und visionäre Führungsperson. Mit Sicherheit spielt dabei eine Rolle, dass sie durch die Etablierung einer transparenten Fehlerkultur und des damit wiedererarbeiteten Vertrauens entsprechend trainiert ist.

Wir halten also fest: Demokratien sind auf gute Führungskräfte angewiesen, die Inhalte bündeln, Werteorientierung vermitteln, Sicherheit ausstrahlen und Koalitionen bilden können. Die also durchaus auch die Impulse der Idealisten – selbst wenn sie selbst konservativ sind – in ihre Politik einbetten können, und: Kompromisse finden – das am besten radikal. Aber da ist dann ja auch noch diese andere Seite, der es zur Kompromissfindung auch bedarf, das Parlament. Die Idealisten, die Impulsgeber, diejenigen, die das Volk gewählt hat, um es zu repräsentieren.

Im Rahmen der letzten Bundestagswahl wurde mit Blick auf das Thema Klimakrise viel davon gesprochen, dass das Parlament nicht alle repräsentiere und dementsprechend keine gute Klimapolitik mache. Es bräuchte dort mehr von jenen, die die Krise akut betrifft: vor allem junge Klimaaktivisten und Klimapolitiker. Das forderten auch viele Aktivisten, gerade aus der Riege von Fridays for Future. Nur wenn es genügend Repräsentation gebe, könne radikalere, idealistischere, ideologische Politik realisiert werden, etwa die Forderungen nach einem frühzeitigeren Kohleausstieg. So lautete dann die Kritik an der Klimapolitik der Regierung auch oft, es würde zu wenig gemacht, es sei mehr umsetzbar, wenn man denn nur wolle.

Ich sehe hier von rechtsradikalen Vergleichen ab, da diese Politik nicht als demokratisch legitimiert gelten kann. Die Debatte, ob man Links- und Rechtsradikalismus vergleichen kann, ist nur eine Verschiebung des eigentlichen Fokus, wie man prinzipiell mit bestimmten Vorfällen umgeht, ohne sie zu politisieren. Was bei uns stattdessen oft gemacht wird, jenes »Wenn Linke das machen, dann dürfen Rechte das wohl auch«, lenkt den Fokus von dem eigentlichen Vorfall ab und behindert die Lösungsfindung. Diese Gewichtung, die dann stattfindet, verbaut meist den nächsten Kommunikationsweg, der eigentlich nötig wäre – um zum Beispiel einzuordnen, wie man mit einem illegalem Waffenfund bei rechten Gruppen umgeht, oder was zu tun ist mit bekennenden Neonazis bei Bundeswehr oder Polizei.

Was aber machen wir mit diesem angeblichen Repräsentationsproblem? Mit rein spielt da natürlich die anhaltende Altersdebatte. Einer pauschalen Ablehnung neuer, junger Abgeordneter durch Reflexe wie »Keine Erfahrung, kein Beruf« mangelt es mit Blick auf die Demokratie an dem nötigen Respekt. Menschen können nicht aufgrund ihres Berufes oder ihres Alters bewertet werden. Aber, nimmt man junge Idealisten beim Wort, dann gilt das natürlich auch umgekehrt. Es lässt sich nicht verneinen, dass Alter und Erfahrung mit dem parlamentarischen System etwas Positives sein können. Und wer entscheidet, dass jemand nicht geeignet ist, Klimapolitik zu machen, weil er zum Beispiel siebzig und Anwalt ist? Wer soll da aussortieren, und an welchen Faktoren macht man das fest? Unmöglich. Dann kommt das nächste Argument, die Überakademisierung der Parlamente. Juristen, Bänker, Unternehmer, Sozial- und Politikwissenschaftler, ein paar wenige Landwirte und vielleicht eine Handvoll Personen, die Armut kennen oder arbeitslos waren, so sieht unser Bundestag doch aus.

Es gibt aber ein Problem bei der Forderung nach exakter Repräsentation. Politik und die Zugänglichkeit zu diesem System sind überhaupt nicht dafür ausgelegt. Daran scheitern sowohl Idealisten und Liberale wie Konservative. Denn das Erringen eines Mandats erfordert machtpolitisches Geschick. Es gewinnt fast immer die Person, die das System am besten versteht, sich gut vernetzt, beliebt ist, den eigenen Wahlkreis überzeugen kann. Die idealistische Idee von einer Repräsentation getreu der Demographie ist einfach überhaupt nicht abbildbar oder realisierbar.

Die Frage wäre dann natürlich auch, welche Kriterien bei der Repräsentation eine Rolle spielen sollten (Geschlecht, soziale Klasse, Beruf, Einkommen, Hobbys, politische Überzeugung – Stichwort intersektional!) und ob die exakte Repräsentation im Parlament am Ende auch jedem Bürger die Politik bringt, die er sich wünscht und braucht. Mit Blick auf die Minderheiten müsste man das wohl eher verneinen. Wenn man davon ausgeht – was bei den Forderungen nach besserer Repräsentation ja impliziert wird –, dass jeder Abgeordnete sich nur für Themen einsetzt, die ihn selbst betreffen, dann würde es für Behinderte oder Schwarze oder jüdische Menschen nicht gut aussehen. Da sollten doch eher die Etablierung des Allgemeinwohls und eine allumfassende Moral angebracht sein. Vielleicht können diese Ansprüche in dem momentanen Parlament nicht vollends zufriedenstellend erfüllt werden, aber wie gesagt, alles ist ein Prozess, es gibt immer den nächsten Kompromiss.

Vor allem wäre, mit Blick auf die jungen Idealisten, interessant, wie die weitere Kommunikation vonstattengehen würde, wie sie an Verhandlungen gehen würden, und was sie aus ihnen machen würden. Ich würde hier die steile These aufstellen, dass fast jeder Idealist seine Vorstellungen an das demokratische System etwas anpasst, denn die realpolitische Erdung trifft jeden, anders kann parlamentarische Arbeit nicht funktionieren: über Absprachen, Abstimmungen und Kompromisse – oder auch Ablehnung. Die Frage, die sich für junge Idealisten schnell stellt, ist: Wo ist der produktive Grat zwischen zu viel und zu wenig Ablehnung? Horchte man zu Beginn der neuen Legislaturperiode in die Fraktionen hinein, zeigte sich besonders bei den Grünen und der SPD eine Realität, die für viele junge Abgeordnete bedeutete: Machtgefüge gibt es trotzdem. Selbst, wenn der eigene Flügel kapitalistische oder patriarchale Systeme infrage stellt. Auch das Leistungsprinzip gilt in allen Fraktionen. Wer ist signalstark, sendet viel, hat eine große Öffentlichkeit, ist bereit, viel zu ackern, tut etwas fürs Prestige der Partei? Das sind realpolitische Faktoren, die auch die Arbeit junger Abgeordneter betrifft.

»Nein, da sind einzelne Leute schuld, wenn sie ihrer Partei nicht vertrauen, und sich von vermeintlichen Kompromissen und Unmöglichkeiten unterkriegen lassen, weil sie harmoniebedürftig sind. Wissen Sie, was passiert, wenn wir sie einfach machen lassen würden?«

»Nein. Ich glaube, historisch kann man zeigen, was eine manipulative Art von ›einfach machen lassen‹ anrichten kann, wenn man seine eigenen Ideale und Forderungen in der Partei nicht hinterfragt. Was passieren würde, wenn alle rot-grünen Parteien radikal werden würden? Ich glaube, dafür haben die Grünen und die SPD zu viele – Pardon – Realisten in den eigenen Reihen.«

»Das wird sich aber ändern, wenn es mehr von uns gibt, mehr junge Leute. Wenn die Mehrheit sagen würde, dass radikale Klimapolitik einfach möglich sein muss und die höchste Prio hätte, dann würde das natürlich funktionieren.«

»Ich weiß, ich bin in der Hinsicht ein Boomer – aber das System muss doch ganzheitlich geändert werden. Gleichzeitig dann? Oder erst radikale Klimapolitik und dann schauen, welche Dinge gegen Wände prallen?«

»Das kann ja jeder so sagen, diese Art von Pessimismus ist auch eine Art von Egoismus.«

»Die sofortige Revolution auszuschließen?«

»Es andere nicht ausprobieren zu lassen. Es ist auch ein Privileg, pessimistisch sein zu können.«

»Nein, ich glaube unsere Politisierung hat meistens einen Ursprung, der sich aus verschiedensten Faktoren ergibt. Außerdem nenne ich mich eher Realist als Pessimist. Sonst würden wir diese Debatte auch gar nicht führen.«

»Wieso reden dann Realisten mit, wenn sie die Revolution ausschließen, wenn es darum geht, ob sie möglich ist? Wieso nicht einfach probieren?«

»Naja, wie gesagt, ich zweifle nur daran, dass das realpolitisch möglich wäre, vor allem ganzheitlich. Denn ich kann zum Beispiel Klimapolitik ohne ihren sozialen Faktor nicht priorisieren, wenn ich weiß, wen es dann direkt trifft. Zumal eigentlich eine parallele Lösungsfindung realpolitisch möglich wäre.«

»Haben Sie keine Angst?«

»Angst ist politisch gesehen ein großer Begriff. Ich habe nüchterne Hoffnung. Was irgendwie auch unterbewusste Angst sein kann.«

»Klimaangst ist das, was junge Menschen wach hält.«

»Und es gibt junge Menschen, die an einer Lösung arbeiten wollen – unabhängig davon, ob Sie oder ich dafür qualifiziert sind. Auch wir tun es beide, sonst würde es uns gerade nicht beschäftigen.«

»Stellen Sie sich vor, in einem Jahrzehnt haben wir keine Chance mehr. Dann schauen wir unserem eigenen Ende zu.«

»Finden Sie es eigentlich nicht auch komisch, woher Menschen sich die Deutungshoheit herausnehmen, dass ihre Art so unbedingt da bleiben muss, wo sie doch so destruktiv handelt?«

»Sie lenken vom Punkt ab.«

»Ja, aber Ihre Antwort würde mich trotzdem interessieren.«

»Was machen Sie, wenn Sie wissen, dass es vorbei ist?«

»Ich glaube, die einen drehen durch, die anderen glauben an die Technologie, und manche an Gott.«

»Und Sie?«

»Das ist irrelevant.«

»Wir haben diesen Planeten betreten. Wir müssen ihn also retten. Mir ist es egal, wie. Ich kann nur nicht damit leben, dass Dinge irreversibel sind. Ich höre da Maja Göpel in meinem Kopf.«

»Ja, das Video sehe ich auch alle zwei Tage auf Twitter.«[60]

»Irreversible Schäden, die diesen Planeten schon belasten.«

»Ein realpolitischer Faktor, der unsere Lösungswege neu definiert. Anders als vor einigen Jahren.«

»Selbst das sehen nicht alle.«

»Das müssen auch nicht alle sehen, denn eines ist unbestreitbar: Das Kollektiv wird nie einer Sache ganzheitlich zustim-

men. Machen Sie doch das Beste daraus. Sie und ich, wir sind
keine Feinde, wir sind im selben Spiel.«
»Es gibt noch eine Chance, zu gewinnen.«
»Und keinen Möglichkeit zu schummeln.«

Der aktuelle Bundestag ist der jüngste und diverseste, den es
je gab. Auch der größte, was ja ebenso oft diskutiert wird. Man
kann natürlich über die finanzielle Seite reden, aber die große
Aufregung über zu viele Bundestagsabgeordnete teile ich nicht.
Andererseits können, platt gesagt, auch zu viele Köche den Brei
verderben. Jedenfalls haben diese Debatten wenig damit zu tun,
welche Politik jetzt möglich sein wird. Das hängt von anderen
– realpolitischen – Gegebenheiten ab: Die Idealisten (gewählte
Parlamentarier und die öffentliche Debatte) setzen die Reize.
Die Konservativen, die Bewahrer, bremsen, Stagnation droht.
Und dann ist da die realistische Mitte – das können Liberale,
Christsoziale, Sozialdemokraten oder Grüne sein, das kann
wechseln. Sie sorgen im besten Fall dafür, dass ein Kompromiss
gefunden wird, der uns voranbringt. Auch keine Lösung zu finden, ist ein Ergebnis. Dann geht es weiter wie bisher.

Das ist die Plattform der Realpolitik. Sie kann dauernd beeinflusst werden. Ihre Parameter verändern sich ständig. Und sie
besitzt nicht automatisch Rationalität oder Ausgeglichenheit,
nur weil es Realpolitik heißt, weil sie auf Kompromisse aus-
gerichtet ist. Fairness oder Besinnung, moralische Faktoren
sind immer Variablen, egal, wie fest wir es uns als Gesellschaft
vornehmen, sie zu vereinheitlichen. Auch, weil man immer da-
zulernt. Weil Emotionen keine festen, unveränderlichen Gegebenheiten sind. Fehler erst recht nicht.

»Wissen Sie, Frau M'Barek, das meine ich ganz ehrlich:
Manchmal ärgert man sich über Fehler, die menschlich viel

schlimmer sind als strategisch. Ich vergesse selbst gern diesen verzweifelten Versuch, gegen die AfD anzukommen. Das kann ich niemals kommunizieren, und leider verstehen Sie den Grund. Mir tut das, ganz persönlich, leid. Es ist gar wie ein Unfall zu betrachten. Wir sind da auch selber schuld. Diese Front, dieses Gegeneinander. Im nächsten Leben dann die neue Fehlerkultur, das sehe ich in diesem Leben nicht mehr.«

Das ist übrigens auch ein realpolitischer Parameter: Die mit unserer Kompromissbereitschaft einhergehende Offenheit, wenn wir miteinander sprechen und über Probleme oder Lösungen debattieren, ist drastisch zurückgegangen. Es geht hier keineswegs um das Gefühl, nichts mehr sagen zu dürfen oder bestimmte Ideale zu haben, die man für sich selbst als wichtig erachtet. Die haben ihre Berechtigung, solange sie nicht die Freiheit der anderen beschneiden. Wir sprechen hier eher von dem absoluten Nein, das in vielen Debatten auf beiden Seiten existiert. Richtig und falsch ist in den letzten Jahren immer wichtiger geworden. Vermeintlich lässt sich jede Frage darauf reduzieren. Da wir Stück für Stück in dieser Struktur verhärten, schrumpft der Kompromissbereich, selbst wenn das eigentliche Ziel auf beiden Seiten fast das gleiche ist. Gibt es weniger Kompromisse, dann ändern sich auch die realpolitischen Parameter.

Geringe Kompromissbereitschaft potenziert sich. Die Möglichkeiten, aufeinander zuzugehen, werden immer weniger und unwahrscheinlicher. Das kann man auch gut anhand der Posts und Kommentare von Influencern beobachten. Zum Beispiel bei Louisa Dellert, die über Nachhaltigkeit, Politik und oft auch über aktuelle Debatten bloggt. Viele ihrer Follower folgen ihr vor allem wegen der Nachhaltigkeitsthemen, ihres grünen Brandings, aber auch ihre politischen Beiträge wurden immer beliebter. Inzwischen äußert sie sich oft zu aktuellen politischen

Themen wie Rassismus, Privilegien oder CDU-Abgeordneten, viele ihrer Follower verlangten das regelrecht in ihren Kommentaren. Haltung und Solidarität sind ihr wichtig. Und aus der eigenen Haltung müsse man auch pauschale Urteile treffen können. Als Dellert dann aber in einer Story darüber spricht, dass es auch coole, stabile Konservative braucht, reagieren ihre Follower enttäuscht. Genau hier verdeutlicht sich unser momentanes Problem: dass man trotz (oder wegen) idealistischer Vorstellungen dem Rest der Demokratie die Existenz abspricht, sie pauschal als falsch betitelt.

Ein anderer Höhepunkt dieser Verschärfung bot sich kurz nach der Bundestagswahl in der Talkshow *Markus Lanz*. Die Grüne Cansin Köktürk sagte dort mit Blick auf die Erstwählerergebnisse: »Es ist ein Skandal, dass die meisten Erstwählerinnen die FDP gewählt haben. Ich finde das schrecklich.«[61]

Die Meinung darf man haben. Man darf sie auch äußern. Aber dann darf man sich auch nicht über bestimmte Verhärtungen – besonders im Klimadiskurs – wundern. Was signalisiert eine solche Aussage? Genau, zunächst die Diskrepanz zwischen euch und uns, zudem eine Akzentuierung von richtig und falsch. Was hat die Delegitimierung einer anderen Partei – mit der man ironischerweise zu jenem Zeitpunkt Koalitionsverhandlungen führte –, also das Absprechen ihrer Bedeutung, in Bezug auf kollektive Anliegen für Auswirkungen? Gleiches gilt dann auch für Liberale, die die Grünen pauschal als Aktivisten bezeichnen und ihnen die politische Legitimation damit genauso absprechen.

Der Philosoph Byung-Chul Han erklärt in seiner Abhandlung *Infokratie* die gesellschaftliche Benommenheit durch den Kommunikations- und Informationsrausch. Der Überfluss an allem lasse eine differenzierte Meinung gar nicht mehr zu. Will man als klug oder belesen gelten, als jemand, der inmitten von

Debatten steht und stehen kann (oder die Möglichkeit, dass jemand das Gegenteil annehmen könnte, vermeiden will), dann muss man sich schnell zu jedem neuen Thema positionieren. Starken Stimmen glaubt man in solch einer Situation schneller und öfter, und starke Stimmen sind oft ideologisch gefärbt. Und eben weil sie gehört werden, werden solche Stimmen immer mehr.[62]

Da fällt es natürlich schwer, plötzlich offen zu sein für Neues, Unbekanntes – das fühlt sich dann vielleicht schon wie Betrug an für den einen oder anderen. Die Verschärfung aller Debatten kann letztlich aber vielleicht auch zu einer so starken Verhärtung und Differenzierung führen, dass irgendwann alles aufplatzt. Wir können ja nicht ewig alles zu Tode reiten, weil niemand nachgibt. Vielleicht müssen wir solch einen toten Punkt erst überwinden, um zu verstehen, dass ein Kompromiss nicht nachgeben bedeutet, sondern zuhören, um dann zu schauen wie man gemeinsam weiterkommt. Unter Berücksichtigung der eigenen Präferenzen, wenn auch nicht zu hundert Prozent. Dafür gilt es zu verstehen, dass der Kompromiss nicht der letzte Ausweg aus einem großen Zerwürfnis ist, sondern der Ist-Zustand des Meinungspluralismus sein sollte.

Die Demokratie baut darauf auf, dass wir miteinander reden. Perspektiven abwägen, zusammenfügen. Es scheint, als sei das eine sehr naive Vorstellung, gleichzeitig ist es aber auch die sachliche Realität – so funktioniert dieses System. Mit all seinen unfairen und fairen Parametern. Dem Unvorhersehbaren, dem Guten, dem Bösen, dem Plötzlichen, dem Absehbaren, dem Richtigen, dem Schlechten, dem Unmenschlichen, dem Irrationalen, dem Rationalen, dem Falschen, dem Individuellen, dem Kollektiven. Und es wird gelenkt, von jenen, die sich anmaßen, Führungspersonen sein zu können. Von jenen, die sich anmaßen, repräsentieren zu können, in Parlamenten, in der Öffent-

lichkeit. Und jenen, die bewerten, analysieren, meinen und fest-
stellen. So weit, so gut. Und was kommt jetzt?

DAS NEUNTE KAPITEL

ÜBER DEN RADIKALEN KOMPROMISS: DIE REALPOLITISCHE ZUKUNFT DER DEMOKRATIE IST GROSSARTIG

»In dem Realisten wird der Glaube nicht aus dem Wunder geboren, sondern das Wunder aus dem Glauben.«   *Fjodor Dostojewskij*[63]

Der Realist ist übrigens nicht zwingend ein Pessimist. Er erfreut sich an den Möglichkeiten und ist stets bestrebt, das Beste aus allem rauszuholen. Das sorgt dafür, dass sich manchmal alle erden werden, wortwörtlich auf den Boden der Tatsachen geholt werden können. Wird jetzt alles so bleiben, wie es ist, folglich also immer schlimmer? Die endlosen, teils jahrelang geführten Debatten darüber, was eigentlich passieren müsste und warum stattdessen nichts passiert, obwohl eigentlich doch dringend etwas passieren müsste, sind das komischste Paradoxon unserer Zeit. Man sollte sich doch stattdessen unbedingt bemühen, das Beste aus einer Situation herauszuholen, zumindest in die richtige Richtung aufzubrechen, als gar nicht beteiligt zu sein, zumal wenn man über keine absolute Mehrheit verfügt, parlamentarisch und gesellschaftlich. Es ist doch im positivsten Sinne ambitioniert, wenn man genau weiß, was man gerade wirklich herausholen kann, und alles dafür in Bewegung setzt. Dafür darf man sich vorher natürlich selber keine Steine in den Weg legen.

Die Grünen hatten die Karten in der Hand, um ins Kanzleramt einzuziehen. Die Waage zu halten zwischen Idealismus und Realpolitik, liegt durchaus in den Genen dieser Partei. Gleiches gilt übrigens auch für die Union. Hätten beide nicht mit der eigenen Personalpolitik dafür gesorgt, dass sich die Debatte weg von Inhalten bewegt hat, dann hätten wir ein Jamaika-Revival erlebt. Aber lassen wir diese Gedankenspiele, ich will damit nur deutlich machen, worauf es in unserer Demokratie ankommt. Realpolitische Verhältnisse setzen fest, was als Nächstes passiert. Und das kann in der deutschen Politik variieren. Denn wir müssen festhalten: Eigentlich haben wir das große Privileg, dass man sich in vielen Fragen großflächig einig ist. Deswegen konzentrierten sich die Trielle des letzten Jahres ja auch auf persönliche Anekdoten, Angriffe und das bestmögliche Performen, wenn es um die Beantwortung von Fragen ging, bei denen es zwischen den Gegenkandidaten keine großen Meinungsunterschiede gab. Es hätte hier einfach sehr geholfen, wenn man sich noch mehr bewusst gemacht hätte, auf welcher Basis wir stehen, und was man realpolitisch daraus machen kann.

Das Tolle an radikalen Kompromissen ist, dass man immer wieder damit anfangen kann. Sich daran zu erinnern, dass man immer von seiner Basis aus arbeiten kann. Selbst nach einer vermeintlich langen, von »ihr« und »wir« geprägten Debatte kann man so einsteigen. Zwar mit kleinen Kompromissen, aber durchaus mit der Möglichkeit, darauf aufzubauen, und so langfristige, große politische Vorhaben auf den Weg bringen zu können. Das ist doch mehr als realistisch, ich traue mich kaum zu sagen – optimistisch. Das gilt übrigens für alle politischen Akteure des demokratischen Spektrums.

Platt gesagt heißt das auch: Die Ampel könnte der Prototyp der dringend notwendigen Kompromisskultur sein. Jamaika hätte das ebenfalls sein können. Die Deutschlandkoalition auch. In allen Szenarien treffen Konservative, Realisten und Idealisten aufeinander – im Großen wie im Kleinen –, und genau das ist unsere gesellschaftliche und politische Basis. Das gilt auch immer wieder für die Länderebene. In vielen Bundesländern regieren Koalitionen miteinander, demokratisch, legitimiert und kompromissbasiert, fast überall. Die jeweiligen Oppositionen bilden dann übrigens auch das Gegengewicht, das die Kompromisse mitformt, wenn es darum geht, die jeweiligen Gesetze zu legitimieren. Nirgends gibt es eine Mehrheit der Idealisten, stets setzt sie sich aus Menschen politischer Abstufungen zusammen.

Blicken wir auf das realpolitische Fundament, das nun vor uns liegt: die Ampel. Wenn es ans Regieren geht, werden sich die inhaltlichen Player, wie die Abgeordneten, die Regierungsmitglieder und ihre Fraktionen, schon ganz gut kennengelernt haben, da sie bereits die Kompromisse im Koalitionsvertrag ausgehandelt haben. Sie wissen vielleicht, mit wem man wie Kompromisse schließen kann. Dafür braucht es auch die eben genannte Komponente: Führungsfiguren und jene, die ihnen widersprechen, sie korrigieren oder stärken. Daraus bilden sich dann weitere realpolitische Plattformen. Denn die Führungsfiguren konstruieren wie gesagt in erster Linie Mehrheiten bei großen Wählergruppen. Klug wäre es, das Aushandeln der Details der großen Mitte im Parlament zu überlassen, denn diese ist größtenteils kompromissbereit, besitzt inhaltliche Expertise und kennt die Forderungen, die sich aus dem öffentlichen Diskurs ergeben. Die Debatte um Konsens und verschiedene Lösungsansätze sollte dann geführt werden, ohne daraus immer gleich ein Wahlkampfthema zu machen.

Parteien sollten den Anspruch an sich selbst haben, realpolitische Arbeit zu leisten und die Ergebnisse den Wählern zu vermitteln, das bestmöglich Umsetzbare anzupreisen. Zuletzt hat aber eher eine gewisse Verweigerungshaltung vorgeherrscht. Auch zu hohe, offensichtlich nicht umsetzbare Vorhaben nähren ein falsches politisches Verständnis. Wenn Parteien gewählt sind, stehen sie nicht nur in der Pflicht ihrer Wähler. Sie repräsentieren das gesamte Volk im Bundestag – dementsprechend sollte man sich auch verhalten und den Kompromissen der anderen Parteien gegenüber aufgeschlossen sein. Zwar sagen viele, nach der Wahl ist vor der Wahl, aber eine entschärfte politische Diplomatie sollte jede Legislaturperiode begleiten. Was Kompromisslosigkeit, begleitet von Wahlkampf, anrichten kann, hat die Corona-Krise im Herbst 2021 deutlich gezeigt. Vor der Bundestagswahl ging es – eigentlich schon in den zwölf Monaten vor der Wahl – darum, wer am schnellsten handelt und den Leuten, fernab von jeder medizinischen Realität, Hoffnungen auf Lockerungen macht. Oder wer als Erstes absolute Versprechen macht, der Todesstoß jeder Demokratie. Yvonne Gebauer sagte im November, dass die Schulen nicht mehr schließen werden, parallel ebnete sich die Omikron-Variante den Weg nach Deutschland. Hendrik Wüst erlaubte in den Tagen, in denen Deutschland zum internationalen Spitzenreiter bei den Neuinfektionen wurde, ein volles Fußballstadion in Nordrhein-Westfalen – darauf weiß selbst der CDU-Gesundheitsexperte im Landtag nichts mehr zu sagen und wundert sich, wie das passieren konnte.

Aber all diese Dinge können verhindert werden – auch wenn man Wahlkampf führt.

Nehmen wir zum Beispiel das Thema Hartz IV: Mit dem Vorstoß, das derzeitige Sozialsystem abzuschaffen, hat die SPD viele Stimmen geholt. Der Prozess der Sozialdemokraten beim Thema Hartz IV ist übrigens fast wie aus dem Lehrbuch. Durch einen inzwischen abgewählten Politiker in der SPD, nämlich Gerhard Schröder, etabliert und erschaffen entwickelte sich die Agenda 2010 zum Klotz am Bein der Sozialdemokratie und zusätzlich zu einem Problem für die gesamte Gesellschaft. Die Absicht, den liberalkonservativen Gedanken des Leistungssystems in der Vordergrund zu rücken und so für eine Entlastung der Sozialkassen zu sorgen, ging auch langfristig nicht auf.

Heutige Stimmen verurteilen Hartz IV in der SPD aufs schärfste – auch Olaf Scholz kündigte mit dem sogenannten Bürgergeld eine Wende an. Neben der SPD hatte sich auch der sozialliberale Flügel der FDP bewegt. Er setzte einen für die Partei neuen Akzent und öffnete damit die Tür für einen Kompromiss und die Reform von Hartz IV. Für die FDP war wichtig, dass Jugendliche nicht dafür bestraft werden, wenn ihre Eltern Hartz-IV-Empfänger sind. Aus Sicht der FDP lag das Problem vor allem darin, dass betroffene Kinder nicht einmal einen Minijob annehmen durften, und ihnen so die Chance auf Aufstieg verwehrt bliebe. Die Grünen begrüßten ebenfalls die Abkehr.

Der Koalitionsvertrag enttäuschte dann jedoch etwas – das war wohl der kleinste Kompromiss, der möglich war. Das Problem heißt jetzt nur anders, nicht mehr Hartz IV, sondern Bürgergeld. Ganze drei Euro sollen den Unterschied machen. Begeistert sind die Jugendverbände der Parteien und weite Teile der Gesellschaft nicht – ob das langfristig vertretbar ist, bleibt die Frage. Trotzdem zeigt es: Realpolitische Kompromisse sind in vielen Feldern möglich, selbst wenn sie erst einmal unwahrscheinlich erscheinen mögen. Man muss die Beteiligten nur richtig abholen, den Nerv treffen.

Menschenrechte und Würde, das braucht man sicher nicht groß zu erklären, haben bei der Agenda 2010 keine große Rolle gespielt. Selbst wenn man Hartz IV aus der neoliberalen Leistungsperspektive analysiert – also dieses streitbare Narrativ der Selbstschuld, wonach jeder, der arm ist, nicht arbeitet und folglich selbst schuld daran ist –, dann sieht man, dass das Geld nicht zum Leben ausreicht. Wenige Euro, ganze 16 Euro und 11 Cent, bekommt man etwa im Monat für Hygieneartikel zugestanden – wer kann auch nur annehmen, dass man damit beispielsweise alleinerziehend klarkommt? Davon müssen Klopapier gekauft werden, Wattestäbchen, Tampons, Shampoo, Penaten-Creme und seit der Pandemie Produkte wie Masken, Schnelltests oder Desinfektionsmittel. Ganz zu schweigen von den Preisschwankungen der Masken, die zu Beginn der Pandemie rund neun Euro gekostet haben. Da wäre man mit zwei Stück schon über dem monatlichen Budget.

Menschlich gesehen gibt es also wenig streitbare Punkte, warum Hartz IV reformiert werden muss. Sonst würde man auch nicht versuchen, das Bürgergeld und diese drei Euro schönzureden. Schon das Wording musste sich ändern, da war man sich schnell einig: »Hartz IV« ist gesellschaftlich untrennbar mit diesem streitbaren Leistungsprinzip verbunden. Stattdessen soll die Würde des Einzelnen in Zukunft im Vordergrund stehen. Ein großer Streitpunkt jedoch war bei den Sondierungsgesprächen fast ebenso schnell gefunden wie die Einigkeit darüber, dass sich etwas ändern muss: Soll es Sanktionen für jene geben, die sich nicht um Arbeit bemühen, obwohl sie könnten? Das ist durchaus umstritten, denn wie soll bewertet werden, wer was ausreichend tut, wer wozu in der Lage ist und was dafür notwendig ist? Da gibt es vom linken Ideal bis hin zur liberalen Ansicht sehr unterschiedliche Definitionen.

Die Ampel hat sich darauf geeinigt, an der Mitwirkungspflicht festzuhalten – im Endergebnis heißt das, dass der Unterhalt, der diesen Menschen ein würdigeres Leben ermöglichen soll, an die Leistungsfrage gekoppelt bleibt. Immerhin soll der bürokratische Anteil daran überprüft werden, allein das stellt für viele ja bereits eine zu hohe Hürde dar.

Weil Hartz IV lange ein Problem der SPD war, das ihr als eigenes Verschulden zugeschrieben wurde, hatten die anderen Parteien eigentlich lange nichts zu befürchten, wenn sie dieses Thema ignorieren. Die heutige Popularität und der Zugang sind den anderen Ampelparteien zu verdanken, etwa Sarah-Lee Heinrich von den Grünen. Dieser Kompromiss ist ein Baustein, auf dem man aufbauen kann. Es geht nicht nur um die Änderung des Begriffes und symbolische drei Euro, sondern um mehr. Wir erinnern uns: Kompromisse folgen auf Kompromisse. Und addieren sich. Bei diesem Thema gibt es noch viele realpolitische Möglichkeiten für weitere Additionen.

Stichwort junge Menschen: Gleiches gilt auch bei der Bewältigung der Rentenkrise. Hier waren sich die Parteien einig, dass jetzt eine Lösung gefunden werden muss – die Babyboomer gehen schließlich ab 2025 in Rente. Die garantierte Rente, die die baldigen Pensionäre bis an ihr fernes Lebensende erhalten sollen, ist schon jetzt nicht bezahlbar. Beitragserhöhungen aber sind im öffentlichen Diskurs unerwünscht – bringen sie doch vor allem jene, die wenig verdienen und ihr gesamtes Leben Beiträge einzahlen, an ihre Grenzen, verständlicherweise.

Die FDP stieg mit einer Kontroverse rund um Johannes Vogel in das Thema ein, der das schwedische Rentenmodell vorschlug. Kurz vor der Wahl sagte er in der *Wirtschaftswoche*: »Die Baby-Boomer gehen bald in Rente, das kann in einem reinen Umlagesystem nicht funktionieren. Die nächste Legislaturperiode ist die letzte, in der wir vorher handeln können. Sonst werden nach 2025 – bei gleichzeitig sinkendem Rentenniveau – Schritt für Schritt die Beiträge explodieren, der Steuerzuschuss von heute schon über 100 Milliarden in Richtung Hälfte des Bundeshaushaltes steigen oder alle arbeiten müssen, bis sie 70 Jahre und älter sind. Unser Konzept funktioniert nicht nur bis zum Ende der Legislaturperiode, sondern für die kommenden Jahrzehnte: Wir stärken die gesetzliche Rente, indem wir sie auf zwei Standbeine stellen. Die Schweden – wahrlich nicht als Turbokapitalisten verschrien – machen es uns doch seit gut 20 Jahren erfolgreich vor.«[64] Das schwedische Rentensystem fußt auf drei Säulen: Auf der einkommenbasierten Rente, die sich ähnlich wie bei uns aus Rentenbeiträgen zusammensetzt, die rund 16 Prozent des

Einkommens ausmachen – dieser Betrag variiert je nach Einkommen und dem Zeitpunkt, an dem man in Rente gehen will. Zudem werden durch die Prämienrente 2,5 Prozent des rentenfähigen Einkommens der Prämienrente zugerechnet. Das darf in selbstausgewählten oder staatlichen Fonds platziert werden. Zuletzt steht Menschen, die im Laufe ihres Lebens wenig oder gar kein Einkommen hatten, eine Garantierente zu.

Somit war die hitzige Debatte entfacht, das Rentenalter, wenn auch flexibel, anzuheben. Aber der realpolitische Boden ist nun mal, dass Rentenzuschüsse einen zu großen Teil des Haushalts ausmachen. Geld, das dringend benötigt wird, um Investitionen zu tätigen. Dem stimmen auch die Grünen zu. Die SPD baute schon in der GroKo auf die Grundrente – wenn auch die Finanzierung dafür zunächst nur in groben Züge vorlag.

Dass die Rente verlässlich und menschenwürdig sein soll, ist Konsens. Wie man sie nun finanziert, ob als Aktienrente oder mit Hilfe von Staatsschulden, das ist die Kompromissaufgabe. Diese Basis ist als gut anzusehen, das demokratische Muss. Der Handlungsdrang ist damit nämlich gesetzt. Allen Parteien ist klar, dass es jetzt eine Änderung der Rente braucht, soll die Rentensicherheit in Zukunft nicht als instabil eingeschätzt werden. Wer jetzt anführt, dass die Parteien sich nur um dieses Thema kümmern würden, weil sie auf die alten Wähler angewiesen sind – ja, sicher, auch wenn es sich von selbst verstehen dürfte, dass ein Staat wie Deutschland in der Lage sein sollte, gute Renten zu zahlen. Andererseits sind wir da wieder beim Generationenkonflikt und der aufkommenden Politikverdrossenheit: Der durch die Klimakrise politisierten Jugend ist klar, dass sie darauf angewiesen sein wird, dass jetzt Vorsorge und Investitionen gleich gut getätigt werden.

Eine Annäherung war auch schon bei den Grünen und der FDP zu erkennen, als es um die Bepreisung von CO_2 ging. Erstmals – wie unglaublich wichtig ist dieser Konsens für die Lösungsfindung? – einigten sich beide auf den Kernfakt, dass die Klimakrise existiert und verhindert werden muss. Wenn das klar ist, liegt die Bepreisung des CO_2-Verbrauchs als wichtiger Baustein auf der Hand.

Ria Schröder, die ehemalige Vorsitzende der Jungen Liberalen, erzählte mir bei *Zeit Campus* von folgendem Modell: »Wir beschränken die Menge an CO_2, die noch ausgestoßen werden darf. Wer zum Beispiel in der Zementindustrie CO_2 ausstoßen möchte, muss für die entsprechende Menge ein Zertifikat kaufen. Dafür gibt es bereits auf europäischer Ebene den Emissionshandel. Dieser funktioniert eindrucksvoll und hat sein Ziel sogar übererfüllt. Diesen wollen wir auf alle Sektoren, also auch Gebäude, Verkehr und Landwirtschaft, ausweiten und den Preis für die Zertifikate nicht mehr staatlich festlegen, sondern marktwirtschaftlich. Dadurch geben wir CO_2 einen realistischen Preis und setzen klare Anreize für Reduktion und die Umstellung der Produktion auf klimafreundliche Alternativen, und sorgen andererseits durch den Deckel dafür, dass wir das 1,5-Grad-Ziel auch sicher erreichen. Gleichzeitig brauchen wir massive Investitionen in Forschung und Entwicklung von neuen Technologien, etwa bei Batteriespeichern, smarten Energienetzen oder Bioplastik. Wir müssen in den nächsten Jahren überall da, wo unser Leben heute auf dem Ausstoß von CO_2 und anderen Klimagasen basiert, Alternativen erfinden.«[65]

Das klang während des Wahlkampfes bei den Grünen nicht anders – auch wenn die Grünen die Klimakrise am liebsten gar nicht dem Markt überlassen wollen würden. In ihrem Wahlprogramm stand dazu Folgendes: »[Wir wollen] einen nationalen ansteigenden CO_2-Mindestpreis im EU-Emissionshandel – das heißt für den ETS-Sektor – beginnend mit 60 Euro pro Tonne CO_2 festschreiben. Das erreichen wir über eine Novelle des Energiesteuergesetzes. Damit sorgen wir dafür, dass klimafreundliche Industrieprozesse nicht weiter benachteiligt werden.« Das steht so ähnlich jetzt auch im Koalitionsvertrag. Unter 60 Euro darf der Preis nicht mehr fallen. Derzeit liegt er bei 70 Euro. Das ist auch noch ausbaufähig, aber ein realpolitisch gesetzter Anfang. Genau hier setzt der beschriebene Kreislauf ein: Idealisten kritisieren die mangelhaften Maßnahmen, übrigens selbst von Seiten der Union – Röttgen findet, im Koalitionsvertrag stehe zu wenig drin[66] –, und das ist der Punkt, an dem die Vermittler ansetzen werden. Es hört niemals auf, das Weiterreden, das Aushandeln, das Kompromisseschließen.

Man kann es so sehen, dass dieser Koalitionsvertrag einen symbolischen Anfang macht. Was dort steht, ist inhaltlich noch ausbaubar, enthält aber auch viele Konfliktpunkte. Das fängt schon mit der Finanzierung an: Egal ob Rentenpläne, erneuerbare Energien oder der Kohleausstieg, so wirklich ersichtlich wird nicht, wie das alles bezahlt werden soll. Die Ampel ist (noch längst) nicht das realpolitisch besiegelte Projekt der Zukunft. Die dafür nötigen klugen Kompromisse muss man sich erarbeiten, und ob das gelingen wird, muss sich noch zeigen. Von dem ausgehend, was bislang kommuniziert wurde, wäre bei einer Jamaika-Verhandlung sicher ein ähnliches Ergebnis zustande gekommen. Oder bei Schwarz-Grün. Kompromisse haben nichts mit der politischen Konstellation zu tun, eine Koalition kann höchstens als Indikator dafür herhalten, was für Kompromisse kommen könnten. Ob man das dann ambitioniert angeht, steht auf einem anderen Blatt.

Möglichkeiten entspannen die Situation, machen Kompromisse wahrscheinlicher und fördern so letztendlich Progressivität. Und zwar im Sinne aller politischen Strömungen, so, dass jeder in der Demokratie bedient wird. Wir haben alles, was es braucht, um politische Entscheidungen zu treffen, die alle miteinbeziehen: Idealisten, Realisten, Stagnierende. Alle Meinungen in der Gesellschaft können politisch widergespiegelt werden.

Erinnern Sie sich noch an die Eingangsthese? Dieses Buch ist kein Manifest für einen starken Liberalismus. Aber es ist durchaus getrieben von der festen Überzeugung, dass sich genau über ihn eigentlich alles abspielt, was in einer Demokratie geschaffen werden kann, das, was oft auch gerne »progressiv« genannt wird. Progressivität sollte hier nicht allzu wörtlich genommen werden. Alles, was politischen Entscheidungsraum und Möglichkeiten schafft, ist für sich schon progressiv. Allein, dass sich Koalitionen bilden können, zwischen Sozialdemokraten und Christkonservativen. Unser grundlegendes Verständnis der Demokratie leitet sich davon ab – und stellt uns das Mittel des *radikalen Kompromisses* zur Verfügung. Dieser funktioniert nach folgendem Schema: Idealisten setzen Impulse und reiben sich an den Konservativen, die stagnieren und Stabilität bewahren wollen. Realisten versuchen, zwischen diesen Polen zu vermitteln. In der Mitte trifft man sich. Um diesen Kern herum spielt sich alles ab. Ist der Ablauf gestört, ist auch die Demokratie beeinträchtigt.

Zum Abschluss noch ein Hinweis: Während der Recherche für solch ein Buch, mit dem man etwas sagen möchte, einen Appell in den Raum werfen will, lernt man ja, natürlich, auch dazu. Die Idee zum Buch und der Prozess des Schreibens ziehen sich schon über zwei Jahre. In dieser Zeit ist die Polarisierung immer weiter vorangeschritten, und eins ist mir dabei immer klarer geworden: Wir müssen einander mehr zuhören und auch mal tief durchatmen, bevor wir antworten. Ich, Sie, wir alle. Es ist ein ständiger Prozess, den wir wieder lernen müssen. Oft verfällt man völlig unreflektiert in reine Empörung, grauslich ist das, im Grunde eine Form der Demokratieverweigerung – aber auch eine menschliche Emotion. Jedem von uns passiert das. Dieser Reflex ist nicht verwerflich.

Wissen Sie, was ich mir wünsche, was wir tun sollten, wenn wir uns über eine Meinung aufregen? Wir sollten nicht allein nur hinterfragen, wieso diese Person das sagt oder denkt. Lassen Sie uns komplexer sein. Dazu gehört alles. Die Sozialisierung des Menschen, der familiäre Hintergrund, das Umfeld, in dem man aufwächst. War es vielleicht ein impulsives Statement? Ist die Person emotional angefasster als ich von diesem Thema? Fühlt sie sich provoziert? Was ist ihre Lebensgeschichte, ihr Alter, ihr Beruf?

Wenn wir offen dafür sind, über all dies nachzudenken, bringt uns diese Meinung, die uns aufregt, sogar weiter. Viel weiter, wenn wir uns einfach nur darüber aufgeregt hätten. Wir werden nie die Komplexität aller Meinungen erfassen und miteinbeziehen können, aber gerade deshalb müssen wir diese Komplexität immer wieder zu verstehen versuchen. Die persönlichen Meinungen der Menschen wurzeln immer in weitaus komplexeren Sachlagen, als wir es in einem kurzen Moment zu sehen vermögen. Das kann man natürlich gar nicht immer leisten. Aber ich glaube, der Versuch, es zu tun, und sich immer mal wieder daran zu erinnern, ist es, was eine gute Demokratie ausmacht. Wie man ihr auch persönlich gerecht wird. Machen wir uns von dem Gedanken frei, dass jeder uns etwas Böses will, uns persönlich angreifen will. Denken Sie größer, Sie können das! Lassen Sie uns nicht ständig in kleinen Randdiskussionen verharren, die so aufgeblasen werden, bis das Gefühl vorherrscht, dass sie die ganze Gesellschaft beschäftigen, oder beschäftigen müssten.

Und Folgendes möchte ich noch an Menschen wie mich richten, die vermeintlich dauernd Zugang zu pseudoakademischen Debatten in den sozialen Medien haben. Wir dürfen nie in das überhebliche ihr und wir verfallen, nur weil wir das Privileg haben, uns ständig im Internet aufzuhalten, über diverse Themen zu informieren und auszutauschen, auf Twitter zu posten und zu kommentieren. Nur weil wir von uns glauben, immer allumfassend informiert zu sein, alle Hintergründe parat zu haben. Wir kennen etliche Positionen und Perspektiven nicht. Eine akademische Sprache macht einen weder als Mensch besser noch zeigt sie, dass man mehr informiert ist. Nicht alle von uns haben immer die Möglichkeit, so viel Zeit damit zu verbringen (eigentlich hat das niemand), sämtliche Perspektiven komplett verstehen zu wollen. Und das ist dann eigentlich der nächste, wichtige Schritt: sie dennoch zu respektieren. Auch Meinungen in den Entscheidungsfindungsprozess einfließen zu lassen, die wir nicht selbst teilen, Kompromisse zu finden. Wir – wir alle – können das. Miteinander zu kommunizieren bringt uns viel weiter, als ein dauernd aufs Neue produziertes Feindbild auszumachen. Wenn wir das tun, stagnieren wir erst recht, alle gemeinsam. Dann ändert sich nichts. Dann braucht es keine Idealisten, keine Mitte und keine Konservativen. Dann braucht es doch gar nichts. Dann lebt jeder in seiner eigenen Welt.

Danke, dass Sie meine Perspektive gelesen haben. Die mit Sicherheit streitbar ist, fehlbar, mal richtig, mal falsch, einseitig und vielseitig. Jetzt ist es Zeit für Ihre. Und dann für den nächsten radikalen Kompromiss.

DANKSAGUNG

Ich möchte zunächst meinem Verlag danken, insbesondere Tim Jung, der an die Vision dieses Buches geglaubt hat, und meinem Lektor, Erik Riemenschneider, der wirklich viel Geduld hatte und mit seiner Klugheit und gutem Witz den Prozess begleitet hat. Ich danke Laura Weber und meiner Agentur, und meiner unglaublichen Agentin Imke Rösing für die vertrauensvolle Arbeit, die guten Gespräche und bestärkende Unterstützung, viel Liebe.

Danke meinem Bruder, Noah, du bist die Welt, alles. Meinen Eltern, danke für den tiefsten Glauben an mich. Ohne euch wäre ich niemals hier. Meinem Mann, Léon, Danke für die Liebe und den Glauben, seit Tag eins. Dieses Buch ist vor allem für euch, danke dafür, immer an mich zu glauben und da zu sein. Ich danke meinen besten Freunden. Eva, meine Taube, danke für alles und die Kraft, den Glauben und die Liebe für immer. Nele, danke für alles, jeden Glauben und jede Unterstützung, viel Liebe. Nour, mein Wiener Schandmaul, danke für alles, die Liebe und Unterstützung, Zuhören, Verstehen, immer, nur Liebe. Rea, mein Herz, danke dir. Britt-Marie, danke für die Nächte und Worte und Liebe und Unterstützung, you are one of a kind. Naïs, danke für deine Energie und diese Verbindung, die Liebe, einfach alles auf diesem Wege. Alicem, Worte reichen nicht, danke für alles. Sanae, ich danke dir fürs Dasein und Bestärken. Esra, danke dir fürs immer Zuhören. Adrian – danke fürs Reflektieren und Überdenken, immer und überall.

Ich möchte auch allen danken, die diesen Weg, auf verschiedene Weise, begleitet haben und diese Etappe ermöglicht haben: Silvia, Robert, Dominik, Alice BP, Carina, Marie, Katta Roos, Nadire, Fiete, Lara Tahm, Zoe, Minh Thu Tran. Konstantin Delles. Außerdem möchte ich besonders Jochen Wegner, Philip Faigle und Thilo Kasper danken. Xies, Marc Brost, Elisabeth Raether, Mariam Lau, Annette Milz, AS, Sara Sievert, Micky Beisenherz.

LITERATUR

Alexander, Robin: *Machtverfall. Merkels Ende und das Drama der Politik. Ein Report*, München 2021.

Arendt, Hannah: *Die Freiheit, frei zu sein*, München 2018.

Collier, Paul und John Kay: *Das Ende der Gier. Wie der Individualismus unsere Gesellschaft zerreißt und warum die Politik wieder dem Zusammenhalt dienen muss*, München 2021.

Dausend, Peter und Horand Knaup: *»Alleiner kannst du gar nicht sein«. Unsere Volksvertreter zwischen Macht, Sucht und Angst*, München 2020.

Deininger, Roman: *Die CSU: Bildnis einer speziellen Partei*, München 2020.

Dufourmantelle, Anne: *Verteidigung des Geheimnisses*, Zürich 2021.

Flassbeck, Heiner und Paul Steinhardt: *Gescheiterte Globalisierung: Ungleichheit, Geld und die Renaissance des Staates*, Berlin 2018.

Haffert, Lukas: *Die schwarze Null. Über die Schattenseiten ausgeglichener Haushalte*, Berlin 2016.

Han, Byung-Chul: *Infokratie: Digitalisierung und die Krise der Demokratie*, Berlin 2021.

Hank, Rainer: *Die Pleite-Republik. Wie der Schuldenstaat uns entmündigt und wie wir uns befreien können*, München 2021.

Hustvedt, Siri: *Leben, Denken, Schauen. Essays*, Hamburg 2014.

Klein, Ezra: *Der tiefe Graben. Die Geschichte der gespaltenen Staaten von Amerika*, Hamburg 2020.

Kunz, Nina: *Ich denk, ich denk zu viel*, Zürich 2021.

Lebowitz, Fran: *The Fran Lebowitz Reader*, New York 1994.

Macron, Emmanuel: *Revolution. Wir kämpfen für Frankreich*, Kehl 2017.

Marinić, Jagoda: *Sheroes. Neue Held*innen braucht das Land*, Frankfurt am Main 2019.

Nachtwey, Oliver: *Die Abstiegsgesellschaft. Über das Aufbegehren in der regressiven Moderne*, Berlin 2016.

Schmidt, Helmut: *Außer Dienst. Eine Bilanz*, München 2008.

Schulmeister, Stephan: *Der Weg zur Prosperität*, Wals bei Salzburg 2018.

Vani, Supriya und Carl A. Harte: *Jacinda Ardern. Leading with Empathy*, Neu-Delhi 2021.

QUELLEN

1 Anne Dufourmantelle, *Verteidigung des Geheimnisses*, S. 27.

2 Laut Infratest Dimap, siehe: https://www.faz.net/aktuell/feuilleton/ debatten/grosse-mehrheit-laut-umfrage-gegen-gendersprache- 17355174.html

3 Felix Bohr, Lisa Duhm, Silke Fokken und Dietmar Pieper: »Ist das * jetzt Deutsch?«, in: *Der Spiegel* 10/2021.

4 Friedrich Merz, 17. März 2021, auf Twitter: https://twitter.com/_ friedrichmerz/status/1383343760260567043

5 Alice Bota, 6. September 2021, auf Twitter: https://twitter.com/ AliceBota/status/1434984172863512577

6 https://www.zeit.de/news/2021-05/24/ploss-will-das-gendern-bei- staatlichen-stellen-verbieten

7 Anna Schneider, 24. Mai 2021, auf Twitter: https://twitter.com/a_ nnaschneider/status/1396791511866609667

8 Teresa Bücker, 8. März 2020, auf Twitter: https://twitter.com/teresa buecker/status/1236751039501500416?lang=de

9 Markus Söder, 24. September 2021, auf Twitter: https://twitter.com/ markus_soeder/status/1441450520284209153?lang=de

10 Siehe etwa: https://www.zeit.de/news/2021-09/10/soeder-csu-gegen- gender-strafzettel

11 Carolina Schwarz: »Schluss jetzt!«, siehe: https://taz.de/Debatte- ums-Gendern/!5746837/

12 https://www.faz.net/aktuell/politik/inland/deutsche-fuehlen-verantwortung-aber-keine-schuld-15446803.html

13 Danke, Wikipedia! https://de.wikipedia.org/wiki/Whataboutism

14 https://www.inside-digital.de/news/strompreis-schock-2022-steigende-strompreise-trotz-eeg-senkung-erwartet

15 Lothar Nickels: »Geschichte der Anti-Atomkraft-Bewegung«, siehe: https://www.planet-wissen.de/technik/atomkraft/das_reaktorun glueck_von_tschernobyl/geschichte-der-anti-atomkraft-bewe gung-100.html

16 Siehe etwa: https://www.handelsblatt.com/politik/international/bericht-zum-atomunfall-fukushima-war-menschliches-versagen/6836262.html?ticket=ST-379718-9ZOXg9HBce24fw6MVyxs-cas01.example.org

17 Kerstin Conz: »Ein schneller Ausstieg ist möglich«, siehe: https://www.zeit.de/wirtschaft/2011-03/atom-strom-gutachten

18 https://www.rnd.de/politik/atomkraft-nein-danke-der-weg-bis-zum-ausstieg-ist-lang-und-teuer-F4ZFMJVSX5BTPJ6TPTIN DRMMZA.html

19 https://www.top50-solar.de/de/preisvergleich/oekostrom/strom mix.html

20 https://de.statista.com/statistik/daten/studie/76558/umfrage/entwicklung-der-treibhausgas-emissionen-in-deutschland/

21 Martin Polansky: »Fukushima bringt die Wende«, siehe: https://www.tagesschau.de/inland/innenpolitik/energiewende-deutsch-land-101.html

22 Sebastian Kempkens und Marc Widmann: »Licht aus?«, siehe: https://www.zeit.de/2021/37/stromversorgung-windenergie-erneuerbare-energie-atom-kohle

23 Ebd.

24 Michel Friedman, *Streiten? Unbedingt!*, Berlin 2021, S. 6.

25 https://www.tagesschau.de/wirtschaft/unternehmen/atomausstieg-entschaedigung-101.html

26 FAZ, 1999.

27 Übrigens, um kein neues Unwissen zu schüren: Dieses Kapitel baut auf den Erkenntnissen von Lukas Haffert auf, der eine hervorragende Abhandlung über die schwarze Null verfasst hat (*Die schwarze Null*, Berlin 2016).

28 Deutscher Bundestag 2014e.

29 https://www.cducsu.de/themen/wirtschaft-und-energie-haushalt-und-finanzen/haushalt-ist-menschenwerk

30 Nach Rainer Hank, *Die Pleite-Republik*, München 2012, S. 283.

31 Jagoda Marinić, Sheroes, S. 14.

32 Yasmine M'Barek: »Verbünden wir uns!«, in: *Die Zeit* Nr. 35/2020, v. 20. August 2020.

33 Siehe auch: https://de.wikipedia.org/wiki/OK_Boomer

34 Rezo: »›OK, Boomer‹ ist okay, Boomer!«, siehe: https://www.zeit.de/kultur/2019-11/generationenkonflikt-ok-boomer-millenials-babyboomer-rezo/komplettansicht

35 Jagoda Marinić: »Schöner Polarisieren«, siehe: https://www.sueddeutsche.de/politik/kolumne-jagoda-marinic-pandemie-debatten-kultur-1.4991440?reduced=true

36 Zitiert aus: Katharina Meyer: »Warum die Hufeisentheorie nicht zeitgemäß ist«, siehe: https://www.zdf.de/nachrichten/politik/hufeisentheorie-hufeisenschema-rechtsextremismus-afd-linke-thueringen-102.html

37 Marlene Ickert: »Da geht noch was!«, siehe: https://taz.de/Klimabewegung-und-Intersektionalitaet/!5714810/

38 Jesko zu Dohna: »Das Klima geht kaputt? Entspannen wir uns!«, siehe: https://www.berliner-zeitung.de/wochenende/das-klima-geht-kaputt-entspannen-wir-uns-li.153169?pid=true

39 Munroe Bergdorf am 12. Januar 2020 via Twitter. Aufgrund ausufernder Hassnachrichten musste sie ihren Account im Februar 2021 deaktivieren.

40 Katharina Herrmann, 30. Oktober 2021, auf Twitter: https://twitter.com/KulturGeschwtz/status/1454380284380684290

41 Marcus Heithecker, Claus Christian Malzahn, Daniel Wetzel: »Jeder

zweite Deutsche will, dass Atomkraftwerke weiterlaufen«, siehe:
https://www.welt.de/politik/deutschland/plus234739030/Umfrage-
Jeder-zweite-Deutsche-will-dass-Atomkraftwerke-weiterlaufen.html

42 Hengameh Yaghoobifarah: »All cops are berufsunfähig«, siehe:
    https://taz.de/Abschaffung-der-Polizei/!5689584/

43 Amna Franzke: »Horst Seehofers Nebelkerze raucht und raucht«,
    siehe: https://www.zeit.de/campus/2020-09/rassismus-polizei-
    horst-seehofer-studie-ablenkung

44 https://twitter.com/azn_german/status/1454047402302771200?
    s=21

45 https://www.cnbc.com/2020/07/08/jk-rowling-cancel-culture.html

46 Zitiert aus einem Interview mit der *Frankfurter Rundschau*: https://
    www.fr.de/kultur/gesellschaft/jagoda-marinic-mir-waere-es-wichti-
    ger-ueber-die-femizide-zu-sprechen-ueber-die-rollenverteilung-in-
    den-familien-90882333.html

47 Diese Absätze erschienen bereits als Artikel in der *Welt* unter dem
    Titel: »Aber Hauptsache, wir cancelen Autofahrer zu Tode«, siehe:
    https://www.welt.de/debatte/kommentare/plus226921343/Fridays-
    for-Future-Aber-Hauptsache-wir-cancelen-Autofahrer-zu-Tode.
    html?

48 Peter Weissenburger: »Davos, eurozentriert«, siehe: https://taz.de/
    Vanessa-Nakate-und-das-Foto-der-AP/!5656696/

49 Zu sehen auf dem YouTube-Kanal des *Spiegels*: https://www.you
    tube.com/watch?v=WS2A-3hYp8U

50 Friedrich Dürrenmatt, *Die Physiker*, Zürich 1962.

51 Im Podcast FREIHEIT DELUXE mit Jagoda Marinić vom 5. No-
    vember 2021.

52 Bismarck hier und im Folgenden zitiert nach: Hans-Christof Kraus:
    »Realpolitiker mit Sinn für Staatskunst«, siehe: https://www.nzz.ch/
    international/deutschland-und-oesterreich/realpolitiker-mit-sinn-
    fuer-staatskunst-1.18513480

53 https://willy-brandt.de/willy-brandt/reden-zitate-und-stimmen/
    zitate/

54 Ebd.

55 Ebd.

56 Jörg Buteweg: »Tagesspiegel: Realpolitikerin Merkel«, siehe: https://www.badische-zeitung.de/tagesspiegel-realpolitikerin-merkel--190225298.html

57 Siehe: https://www.bbc.com/news/world-europe-50709422

58 https://www.kas.de/de/web/parteien-lateinamerika/veranstaltungs berichte/detail/-/content/identifizieren-fuehren-veraendern-politik-mittendrin-statt-nur-dabei-

59 Henrik Müller: »Demokratie braucht Populisten«, siehe: https://www.spiegel.de/wirtschaft/soziales/martin-schulz-demokratie-braucht-populismus-kolumne-a-1136314.html

60 Mario Sixtus, 24. Juli 2021, auf Twitter: https://twitter.com/sixtus/status/1418985070816288770

61 *Markus Lanz*, ZDF, Sendung vom 27. Oktober 2021.

62 Byung-Chul Han, *Infokratie*, Berlin 2021.

63 Fjodor Dostojewskij, *Die Brüder Karamasow*, Zürich 2003, S. 45. Übersetzung von Swetlana Geier.

64 Saskia Littmann: »Was es Rentnern bringt, weiterzuarbeiten«, siehe: https://www.wiwo.de/my/technologie/blick-hinter-die-zahlen/blick-hinter-die-zahlen-72-erwerbstaetige-rentner-was-es-rent nern-bringt-weiterzuarbeiten/27414846.html

65 https://www.zeit.de/campus/2021-09/ria-schroeder-fdp-politik-bildung-chancengleichheit-bundestag

66 https://www.tagesschau.de/inland/ampelkoalition-reax-101.html